LE BRIC·A·BRAC

DE L'AMOUR

PAR OCTAVE UZANNE

PRÉFACE DE JULES BARBEY D'AUREVILLY

Eau-forte frontispice par A. Lalauze

PARIS

EDOUARD ROUVEYRE

· 1, rue des Saints-Pères, 1

MDCCCLXXIX

LE
BRIC-A-BRAC

DE

L'AMOUR

EXEMPLAIRE N° 86

JUSTIFICATION DES TIRAGES

DE LUXE

			Numéros.	
4 Exemplaires imprimés sur parchemin			1 à	4
6 » » sur papier du Japon. .			5 à	10
10 » » sur papier de Chine. .			11 à	20
30 » » sur papier Whatman. .			21 à	50

TIRAGE IMPRIMÉ EN DEUX COULEURS
(*Bleu flore et rouge minéral*)

	Numéros.	
50 Exemplaires imprimés sur papier Whatman. .	51 à	100

BRIC-À-BRAC DE L'AMOUR par Oct. Uzanne

Ad. Lalauze inv. & sc.   Ed. Rouveyre, Editeur.   Imp. A. Salmon

LE
BRIC-A-BRAC

DE

L'AMOUR

PAR

OCTAVE UZANNE

PRÉFACE DE

Jules Barbey d'Aurevilly

PARIS

LIBRAIRIE ANCIENNE ET MODERNE

EDOUARD ROUVEYRE

1, Rue des Saints-Pères, 1

1879

PRÉFACE

A Monsieur Octave Uzanne

ALLONS, bon ! ou plutôt mauvais ! Il faut vous présenter, Vous qui vous présentez si bien vous même, au seul Public, d'ailleurs, qui Vous importe et qui vous intéresse (et moi aussi !): « *Les Honnestes Dames de Paris.* » Vous me prenez donc pour un autre que moi et vous vous prenez donc pour un autre que Vous, Monsieur Octave Uzanne ! — Vous me prenez pour tout le monde du *Monde des Lettres*, moi qui suis si peu de ce Monde-

là ! — Ils s'y présentent tous quelqu'un...
Ils s'y présentent tous les uns aux autres :
Asini asinos fricant. Les vieux présentent
les jeunes. C'est une bénédiction, — la
Bénédiction de Jacob !

La mode est aux Préfaces par un
autre que l'auteur du Livre. On se fait
donner des certificats de talent, aussi
bêtes que des certificats de *bonne vie et
mœurs* et aussi... inutiles ! On se met
contre la Critique sous le parapluie d'une
réputation et on se croit abrité. Mais
ma réputation, à Moi, n'est pas assez
grande pour être un bon Parapluie. Mon
Parapluie n'a pas l'étoffe qu'il faudrait
pour cela. Il y a plus, Monsieur, Je vous
expose... L'auteur infortuné et surtout
incompris des « *Diaboliques* » foudroyé
par ses *célestes* Lecteurs et Lectrices, la
belle autorité vraiment pour dire que
Vous êtes charmant et que Vous n'êtes
pas dangereux !!

Je ne suis certain que d'une chose, c'est
que Vous êtes charmant. On est toujours

certain d'être charmé, quand on l'est... Je
savais déjà que Vous étiez un Erudit à
trente-six carats et éditions, — un érudit à
faire trembler mon ignorance, si Vous
n'aviez pas la grâce qui la rassure, et si
Votre esprit n'avait pas communiqué de
sa sveltesse à cette pataude d'érudition,
comme ceux qui valsent bien donnent de la
leur aux grosses femmes qu'ils font valser !
Je savais cela... et même à travers le
buisson, feuillu et foisonnant, de l'érudit,
j'avais commencé d'entrevoir et de respirer la pointe du bouton de rose de
l'écrivain que voilà maintenant épanoui,
et que les femmes pour lesquelles vous
avez écrit, vont planter toutes à leur
corsage !

Car ce que Vous êtes par-*dessus* ou par-
dessous tout, et *dans* tout, c'est un *Ecrivain,*
— un Ecrivain, c'est-à-dire ce qu'il y a de
plus rare parmi ceux qui écrivent et qui
croient écrire ! Vous l'étiez, écrivain, dans
l'érudition elle-même, quand vous ne teniez
pas à l'être ; Vous l'êtes cent-vingt fois plus

ici, que Vous y tenez davantage. Vous le serez, quoi que vous fassiez plus tard, en littérature. Vous le seriez jusque dans les trois lignes qu'un Juge demandait pour faire pendre un homme, et même vous seriez pendu (Les juges n'aiment pas le style) parce que vous seriez écrivain !... Quoi que Vous deveniez dans la littérature de ce temps, puisque Vous avez le bonheur d'être à cet âge de la vie où l'on dit d'un homme : « Que pourra-t-il devenir ? » absolument comme on le dit du temps à l'aurore d'une belle journée, Vous avez le don immuable; Vous serez toujours un Ecrivain! Aujourd'hui, dans ce livre que Vous avez intitulé : « *Bric-à-Brac de l'Amour* », il y a de l'invention, de la combinaison, de la fantaisie amoureuse, de la rêverie poétique, sous des formes plus ou moins hardies ou heureuses, auxquelles la Critique peut dire ses deux mots, mais il y a l'écrivain qui ne lui en fait dire qu'un seul : *Bravo !* »

Vous êtes un écrivain, Monsieur Octave

Uzanne; soyez maintenant tout ce que
vous voudrez ou ce que vous pourrez! —
Vous avez le signe qui fait vaincre sur
tous les champs de bataille littéraires : Vous
avez l'Expression. Vous avez *Un* style.
Vous aimez la Langue française et la
Langue française vous aime. Vous êtes
dans cette Langue, comme les écrivains qui
y sont, à des profondeurs intraduisibles.
Qui des étrangers les plus puissants a pu
traduire La Fontaine? — Vous n'êtes pas
seulement dans la langue du XIXe siècle et
de vos sensations personnelles; Vous êtes
dans le passé, dans la tradition, dans
l'essence même de cette langue dont vous
êtes le virtuose. Votre Dédicace aux
« *Honnestes Dames de Paris* » est aussi belle
et aussi savante que les préfaces des
Dizains des *Contes drôlatiques*, ces chefs-
d'œuvre qui ont ressuscité Rabelais — ce
Lazare de Balzac, — et peut-être est-elle,
en restant dans la tradition, plus audacieusement inventée.

Et vous n'avez pas que cette puissance de

la langue qui vient de l'amour que vous avez pour elle, Monsieur, Vous en avez une autre que votre livre atteste et qui vient de l'amour aussi, c'est le sentiment de la femme. Et je Vous en fait mon compliment ! Vous avez le sentiment de la femme. Vous l'avez comme on ne l'a plus dans notre époque refroidie... Vous avez l'imagination amoureuse! Vous êtes vraiment un *jeune premier* pour *de bon ;* un *jeune premier* qui ne joue pas la comédie. Votre livre a vingt-cinq ans. Il s'en vante avec orgueil et il a raison de s'en vanter, Il ne s'en vantera pas toujours... « Il n'y a qu'un malheur dans la vie, disait lord Byron dans sa vingt-sixième année, c'est de n'avoir plus vingt-cinq ans. » Dans un an, mon pauvre Monsieur, vous connaîtrez ce malheur-là, mon pauvre menacé de cette désolation terrible! Seulement, voici la revanche. Grâce à la langue de votre livre, — à ce style que vous avez et qui est la goutte d'ambre qui conservera le papillon, Vous aurez

immortalisé, — c'est un mot bien gros,
ne l'écrivons pas ? — mais *fixé* pour diablement longtemps la sensation ivre et
divine de vos vingt-cinq ans !

Votre livre est jeune et fringant et brûlant (il y a un autre mot en ent que
je ne veux pas écrire). C'est le livre
de Chérubin, *Cherubinodi Amore*, mais
d'un chérubin grandi, qui embrasserait
encore Marceline, mais à qui le mollet a
poussé et qui est devenu lieutenant, et
qui sait? peut-être capitaine dans le Régi-
ment de l'Amour!... Ah! les *Honnestes*
Dames de Paris seront bien reconnaissantes
de vos *honnestetés* pour Elles! Votre
Bric-à-Brac littéraire, qui est encore plus le
Bric-à-Brac de l'Amour va devenir, — je
vous le prédis — leur livre de chevet.
Elles vous liront le soir dans leur lit avec
des frissonnements dans le dos...

Quelle carte vous avez mise chez toutes
les femmes, une carte magique qui fait
désirer voir la personne de cette carte-là!
Le grand Octave de l'Histoire apporta la

paix au monde. Ce n'est pas la paix que vous apporterez, Vous, mon cher petit Octave! Vous Vous souciez bien de la paix du monde, mais Vous apporterez le plaisir dans les petits coins...

« *Le nonchalant Octave indolemment couché,* »

C'est vous! Mais régner *de couché*, c'est la grande affaire. Les femmes feront votre fortune, la meilleure manière de la faire! même en République, quoique ce soit bien monarchique. Elles seront reconnaissantes (peuvent-elles l'être?) de la surprise que vous leur donnez... Elles n'y sont pas accoutumées. Les hommes de ce temps ne vous ressemblent pas : Ils n'aiment plus la femme, ils aiment la cocotte, ils aiment la cabotine, ils aiment le bas-bleu. Ils n'aiment plus la femme qui est la Femme! Ils ne l'aiment pas puisqu'ils ne la divinisent plus.

Vous, Vous la divinisez, quoiqu'elle soit diablement terrestre pour ne pas dire pis... Vous la divinisez dans ce diable de corps qui ne pense pas à l'âme dont il est doublé et qui se fait préférer à cette pauvre âme! Vous la divinisez dans tout ce qu'elle est, la malheureuse... heureuse! Vous la divinisez dans sa beauté, dans son adorable laideur, dans sa coquetterie, dans ses faiblesses, même dans ses vices, et jamais, jamais dans ses vertus!... Au fait, ceci ne vous regarde pas!... Vous aimez la femme surtout pour ce qu'elle a d'extérieur, de visible, de tangible, de physique, pour son âme, si on veut, mais moulée dans le corps et interprétée par le corps... Vous l'aimez comme on l'aimait au XVIIIe siècle. Vous en êtes. Vous êtes un payen de ce temps et condamné par un chrétien comme moi. Vous l'aimez comme l'aimait Boufflers, que vous avez édité et qui a fait le *Traité du Cœur*. Vous l'aimez comme le Prince de Ligne, le Prince des Princesses et des *Princesses* qui ne sont pas princesses! Il n'était pas fier et il prenait partout. Vous l'aimez enfin, comme Casanova, — le grand Casanova, — ce Faune aux jambes qui

n'étaient pas de bouc, mais d'Apollon —
les aimait, et vous écrivez sur elles, comme
il faisait avec elles... et vous savez bien ce
qu'il faisait.

Et que voulez-vous que j'ajoute à cela ?
Montez au Capitole — qui est une alcôve !
Vous allez les séduire toutes avec votre
livre. Qu'est-ce que cela vous fait que je
sois séduit ?

Jules Barbey d'Aurevilly

AUX

HONNESTES DAMES DE PARIS

Donque la mort face hardiment sur moi
Ce qu'elle peut, j'aimeray constamment
Et vif et mort ; en vous tant seulement
Vivra mon cœur, ma puissance et ma foy.

OLIVIER DE MAGNY.

PETITES *femmes de Paris, ô vous, gentes inconnues, minois souriants, frisques et éveillés, visages roses, duveteux comme pêches, mutins et bienheurés de jeunesse, êtres divins, exquis, cajolables et cajolés, c'est en songeant à vous que se gaudit ma verve frétillarde et passionnée; c'est pour vous que je luxuriose ma plume, que j'affine ma pensée, que je frivolise ma cervelle et que, devant votre sémillante beauté et vos charmes cythéréïques, je fanfare goliardement*

I

vos louanges. C'est encore pour vous, mes colombelles friandes, que je galantise mon babil en expressionnant mes idées, que je chevauche mon imagination folâtre, que je néologie en contemnant les sots, ou plutôt que je puise, sur la radieuse palette tant nuancée des bons siècles anciens, ces mots brillants et chauds, ces expressions bien atournées, ces termes de papillotage inventionnés pour diamanter vos grâces nonchalantes, pour coqueter votre gentillesse, pour clandestiner surtout la hardiesse et la fougue de mes désirs faunesques.

Adonc, si je vous dédie ce livre, c'est avec la reconnaissance d'un cœur que vos œillades ont tantalisé, avec tous les soubresauts de ce frêle organe qui ne cessera de battre pour vous, avec la mâleté et l'ivresse de mes sensations juvéniles, avec les remercîments du souvenir et du rayon visuel qui tant de fois moula vos contours.

Lorsque vous passez dans le bourdonnement vital de la grande cité, légères et sautillantes, rieuses, folles ou sévères mais toujours adorables, petites femmes de Paris si mignardement attifées, vous antidotez la mélancolie, vous savez ambroisier la vie du célibataire qui vous contemple, mais vous afférocez aussi le céladonisme de vos admiromanes. Votre taille amenuisée par les doigts de l'amour possède un nonchaloir qui aiguillonne la volupté ; vos hanches, dans le dandinement langoureux de la démarche, ont l'infatuation de leur rotondité, et vos petites bottines, fines et cendrillonesques, hameçonnent le regard, lorsqu'elles jambayent gaîment le pavé, craintives de l'eau, affolées par la boue, braves cependant de la crânerie de leur virginité.

L'hiver, sous les lourds ciels de cuivre, enjoliveuses des frimas, qu'avec vous nous aimons... au coin du feu, vous passez avec hastivité sur la surface blanchie de l'asphalte gelé, et, vision charmante, on vous coudoie, l'âme éblouie, tandis que vous fuyez, mains au manchon, tête haute, encachotées dans les fourrures, envoilant la diabolicité de vos yeux coquins sous le tulle ou la gaze, mais laissant entrevoir, frigéfié à peine, le cap rosé d'un nez fripon et aventureux, qui s'éjouit des âpretés de la bise.

Par le joli temps avrileux, alors que la

nature rentre en sève et s'éveille, quand, sur les arbres, les bourgeons éclatent, tendres, pâlots, englués dans leur cuirasse, appétissants comme des petits fours à la pistache; lorsque le soleil, dans sa morbidesse, a le sourire mièvre d'un convalescent, que la poussière voltige comme un souffle d'or et que Paris entier se secoue, s'étire et s'esbaubit sous un azur d'aquarelle pommelé de nuages mythologiques, légers comme un duvet de cygne; lorsqu'enfin il fait si bon de vivre sa vie, que l'homme s'imboit, se grise de sa virilité qui fermente, que l'âme se méliore, que l'on se délicate dans la tiédeur de l'atmosphère, Petites femmes mignonnettes, vous décloîtrez vos appas, vous vous chrysalidez dans la novelleté de vos sensations, vous caméléonisez vos charmes et vous procurez aux cœurs qui vous aiment, qui zéphirent à vos côtés, qui voltigent en baisottant vos courbes, les plus impétueuses liesses de l'humanité.

Soit que vous sortiez au matin — dans la « jeunesse de la journée » disaient nos pères — vêtues à la légère, simplettes, les cheveux tordus sur la nuque, les yeux mal éveillés, la mine chiffonnée, toutes fraîches néanmoins des ablutions récentes ; soit que, sur la vesprée, vous cheminiez parées, jetant largement l'opulence sur vos épaules, et relevant, en élégants retroussis, des traînes royales aux frous-frous soyeux, vous avez toutes les grâces, les délicatesses, les câlineries de l'allure, et même quelquefois bien plus : la précieuse naïveté de votre piquante impudeur.

Jolies fleurs de printemps, Femmes et Damoiselles, qui savez odorer, égayer, percer de votre beauté lucifique la monotonie de notre existence, vous qui rendez le renouveau plus séduisant à la ville qu'aux champs, vous toutes, ô mes Déesses, je vous adore et vous le dis : vous avez fait de Paris la Cythère des artistes, de tous ceux qui comprennent votre lumineuse séduction, vous imagez la banalité de notre époque, vous impudiquez par la sonorité de votre rire le prud'homisme béat ; vous êtes les Reines du Monde, et votre seul regard, papillon de velours, lorsqu'il se pose sur nous dans le hasard des rencontres, nous turgit de je ne sais quel fatuisme de jouissance qui esclave nos souvenirs.

J'aime à me ramentevoir vos mutines personnes, que mes discrets désirs de saisine n'ont pu toutes surprendre, ces corps sveltes et charmants que ma folle du logis, ribon-ribaine, a souillés bien souvent de sa lasciveté, et pour ces joies immenses, pour ces bragueries du cerveau, ces griseries de mon être hypothéquées sur vous mêmes, petites femmes de Paris, je vous dédie ce livre, je m'égoïse dans votre pensée, j'enceinture votre âme et je m'alliance à elle. Puissiez-vous, ô séductrices, m'empiéger de nouveau par vos futures œillades, m'envelopper de sourires, me faire sans cesse frissonner de la nuque aux talons et capturer si bien mon moi que non-seulement je puisse vivre pour vous aimer mais plus souvent encore mourir en vous le prouvant !

LE CRACHOIR

O femme ! O sphinx !

LE *Crachoir !* mais, Monsieur, c'est
là un horrible titre.

— A vos côtés, Madame, j'avoue
qu'il se trouve déplacé, mais je ne saurais
rien y changer. Acceptez l'historiette
sous cette rubrique ou bien permettez
que j'enfourche un autre dada. C'est un
lot qui ne se peut diviser.

— Vous conviendrez au moins, Monsieur, que vous ne placez pas vos aventures dans un vase d'élection.

— Vos jolies petites oreilles purifieront le
tout ; permettez que je baise délicatement
cette mignonne conque purpurinée qui

daigne me donner audience, et puis,
voyons, quittez ce visage austère, que vos
lèvres empourprées n'accusent aucun dé-
goût, posez là cet éventail, jetez ce coussin
brodé à vos pieds, que j'y prenne place ;
mettez cette main de fée dans la mienne afin
que mes pressions accentuent les passages
délicats, daignez sourire bien gentiment....,
plus langoureusement, s'il vous plaît.
Fort bien ; vous êtes divine. Je commence.

— Vous promettez d'être sage ?

— La belle question ! être sage, c'est ne
l'être pas ; au moins dois-je vous assurer
que je ferai en sorte de ne point cyniser
mon sujet. Diogène était dans un tonneau,
je n'oublierai pas que je suis à vos côtés.

— Allez donc, Monsieur, et puisse votre
anecdote être assez piquante pour me faire
oublier son vilain titre !

— Je conviens, chère Madame, que
l'image évoquée par un crachoir n'a rien
de bien séduisant. Il y a cependant crachoirs et crachoirs comme fagots et fagots ;
vous n'avez, à votre louange, ni mari

quinteux ni fumeur dans votre intérieur
capitonné ; je dois donc vous apprendre
qu'on fabrique des crachoirs en porcelaine,
en verre, en faïence à grand feu, en pâte
ferme et en pâte tendre, en bois des îles,
en zinc, en bronze décoré, en argent, en
ruolz ou en or ; il y en a de carrés, de
longs, d'ovales, de ronds, de grands et de
petits, des hauts et des bas, des lourds et
des légers, selon les goûts et les pectoraux
des amateurs. Au nombre seul des crachoirs, à leur forme, et d'après leur physionomie, un médecin qui a l'esprit de ne
pas croire à son art reconnaît de suite la
nature du malade qui les possède.

— Le crachoir est de tous les temps et de
tous les pays. Richelet, dans son dictionnaire in-folio, à l'usage des hercules, parle
des crachoirs à queue et, si je ne me trompe,
Tibère en orna Caprée. A Rome, on nommait notre indispensable : *Vasculum sputis
excipiendis.* — Il serait curieux de faire
passer le crachoir à travers les âges, mais
ceci nous entraînerait bien loin ; je ne cher-
cherai donc pas à vous dire si Violet-le-Duc

s'arrête à cet article dans son *Dictionnaire raisonné du mobilier français,* c'est un point qui ne nous intéresse guère; mais ce qui pourrait le faire davantage, si je ne craignais de vous blesser, c'est la singulière expression que des néologues, à la sauce verte, ont mise en circulation dans un milieu marécageux.

— Voyons cette expression, Monsieur?

— J'y consens. Lorsque dans votre salon, Madame, un jour de réception, un aimable causeur, appuyé au chambranle de votre cheminée, tient l'assemblée sous le charme de sa parole, vous pensez que c'est un beau parleur, qu'il est doué d'une grande facilité d'élocution. Mais, croyez-moi, vous exprimez mal votre pensée; un professeur d'argots comparés vous apprendra en une leçon à enrichir notre pauvre langue française, il vous fera saisir les nuances : « Ce Monsieur ne parle pas bien, dira-t-il, ce n'est pas cela précisément, mon opinion est qu'il *tient bien le Crachoir.* »

Tenir honnêtement le crachoir, c'est là le grand art, le suprême de la vie. A la

Chambre, au Barreau, dans les Cercles, à l'Académie aussi bien qu'au Théâtre, *tenir le crachoir* est le *hic*, l'obstacle à vaincre ; aujourd'hui tout est là ; heureux et bien aimé de Dieu celui qui peut *tenir crânement le crachoir !* les peuples s'inclineront devant lui, les femmes capituleront à sa voix, les feuilles publiques retentiront de son nom, rien ne s'opposera à sa plus éclatante renommée. Ah ! Madame, si jamais, par un hasard que je n'ose espérer, si quelque jour Lucine travaillait ces contours, si vous rêviez à l'avenir d'un nouveau vous-même, priez les bonnes fées qui présideront à sa naissance de lui donner ce don précieux, cette faculté qui mène à tout, faites en sorte qu'il *tienne bien le crachoir.*

— Un peu moins d'esprit, Monsieur, et arrivons au fait.

— Je vous ferai observer, Madame, que j'ai horreur de l'esprit et que je m'en préserve le plus possible ; l'esprit est devenu si rare depuis qu'il est si commun, il y a tant de contrefaçons et on exige si peu la signature que *faire de l'esprit* est une banalité dont je vous serai obligé de ne pas me croire coupable. Je consens à en mettre dans mes doigts, si vous me faites la faveur de les connecter avec les vôtres, mais je laisse à mon langage sa liberté d'allure, un bon petit trot calme, avec l'étape d'un baiser à ma discrétion.

— Usez un peu de l'étrier, je double les étapes.

— Au galop, donc, — m'y voici. — Je brûle les bourgades et j'arrive *au fait*, cette grande capitale du Royaume de l'historiette.

En Suisse, les crachoirs ont un aspect tout particulier, ils sont munis d'une longue tige de fer ou d'osier qui les rend transportables assez facilement ; il n'y manque que des roulettes, et ce petit vice de construction me fit commettre la plus étrange maladresse qui soit permise à un homme de bon ton.

Je me trouvais alors à Lucerne, — si vous le voulez bien, — dans un de ces hôtels merveilleux que le Suisse, hospitalier à bon escient, fait bâtir aux frais de ses hôtes. — C'était au sortir de table, le soir, sur les sept heures. — Je suis moins long

qu'un huissier dans ma procédure et je
compte avoir fait une étape ; payez au por-
teur, Madame ; je continue. — Les dîneurs
passaient au salon dans un vaste hall honnêtement décoré, qui, par un spacieux
balcon circulaire, dominait le golfe du Lac
des Quatre-Cantons.

Imaginez un soir d'été superbe, une
lourde soirée d'après-dînée ; le crépuscule
guettait son entrée en scène, car derrière les
hautes montagnes le soleil bien lentement
et comme à regret s'en allait se coucher ;
les derniers feux du jour teignaient d'une
nuance presque vineuse quelques gros nuages qui s'avançaient pesamment sur l'azur
pâli du ciel, assez semblables à des bons
moines cheminants pourtraicturés par Rabelais. Le lac, les montagnes, les arbres
même avaient des reflets de pourpre vio-
lacée et la nature entière me semblait en état
d'ébriété. C'était, à vrai dire, un peu mon
cas, chère Madame ; certaines bouteilles de
vin du Rhin avaient vidé dans mon verre le
contenu diamanté de leur sveltesse, et pour
avoir violé ces aimables fioles je me trou-

vais plongé dans une suave délectabilité.
Quelle situation charmante! J'étais presque
incogitant, et, bien à l'aise, renversé dans
un fauteuil-berceuse, je jouissais de la plé-
nitude de cette digestion alcoolique qui
laissait joyeusement tituber ma raison. Par
ma foi! je riais dans ma solitude, j'étais
ravi par moi-même, j'assistais au saccage
de mon esprit par mes esprits; mes pensées avinées trébuchaient, se heurtaient,
dans la taverne de ma cervelle où elles
s'étaient attablées, et dans cette orgie de
conceptions, d'aperçus baroques, mes idées
se querellaient, trinquaient avec fracas, se
renversaient, se roulaient et produisaient
un tel ensemble de choses sans queue ni
tête que ma gaieté ronflait comme un poêle
au-dedans de mon être.

Devant moi, j'entrevoyais indistincte-
ment, au milieu des rires, des causeries et
d'un perpétuel va-et-vient, des Anglais fu-
mant, des Anglaises se gargarisant d'*yes* et
de blondes petites fillettes qui feuilletaient
des albums avec un air de candeur exquise.
Debout, près d'un guéridon, une jeune

femme me regardait de façon vague, dans une pose accablée et langoureuse. Il y avait en elle je ne sais quel attrait puissant qui harponnait mes désirs; grande, forte, les hanches larges et bien situées, la poitrine fière de sa proéminence, cette femme rêvait dans le contraste de sa puissante nonchalance. Sur un cou superbe, blanc, sculptural, gonflé de vitalité, sa tête fine et délicate reposait. Elle était rousse, mais rousse comme les courtisanes du Titien, rousse comme des fougères brûlées par le soleil, d'un adorable roux fauve, d'un roux qui rend satyre. Dans l'ovale gracieux de son visage ses yeux rayonnaient d'une étrange manière. Ce n'était pas des yeux noirs, verts ou bleus, c'était des yeux pers, comme on les nommait jadis, des yeux pers brillants comme des pyropes. J'étais affolé d'elle, et, sous une influence fascinatrice, je me levai, je marchai comme on marche dans les songes, comme doivent marcher les spectres, je glissai dans sa direction, avec l'idée indéfinie de me perdre en sa beauté, de m'anéantir dans ses charmes.

— *Et le crachoir*, Monsieur?

— Vous accentuez cela, Madame, comme le fameux : *Et Tartuffe?* mais chut!... Nous y voici.

Soit ivresse d'amour, soit griserie de vin, je ne vis pas sur mon chemin un maudit crachoir, muni de sa tige, ridiculement placé devant elle comme une cigogne empaillée; je donnai contre ce sot ustensile qui tomba si mal à propos qu'il s'en vint inonder de son contenu visqueux la traîne d'une jupe en poult de soie que portait mon adorée.

— Fi, le maladroit!

— Bien maladroit en effet; hélas! j'aurais voulu m'affaisser sous terre et disparaître à jamais loin de ces beaux yeux qui m'accablèrent d'un regard foudroyant où la colère se mêlait au mépris, cependant le sentiment de ma dignité me cloua sur place et reprenant toute mon assurance, d'une voix que la sincérité de mon émotion rendait presque passionnée :

— « Ah! Madame, m'écriai-je, j'aurais pu prétendre, dans mon délire, vous infliger toutes les souillures, mais celle que je vous fais supporter est bien involontaire ; me sera-t-il jamais permis de l'effacer par mon sang, ma bourse ou mon amour le plus brûlant ? »

C'était insolemment Régence ; elle ne répondit rien et, ramassant de colère la traîne maculée de sa robe, elle me toisa avec un sourire curieux et presque cynique.

Aussi confus qu'un renard qu'une poule aurait pris, j'étais allé me remettre à ma sieste dans mon fauteuil-berceuse et j'essayai d'endormir ma honte dans la fumée de cigarettes que je puisais fiévreusement une à une dans un étui de papier rose à la marque de la régie française. Déjà les influences de la nicotiane se faisaient sentir, ma tête roulait sur mes épaules et j'inondais un crachoir de ma rancune et de mon mépris, lorsqu'une petite main blanche, potelée, semée de fossettes, me caressa en se posant sur mon col près de la nuque. J'eus un singulier frémissement, un brusque mouvement d'homme qu'on éveille en même temps qu'un électrique frisson courait comme une couleuvre le long de mon

épine dorsale. — C'était mon idole, cour-
bée vers moi, le sourire sensuel aux lèvres,
le bras placé en avant :

— « Ne sont-ce pas des cigarettes de
France que vous fumez, Monsieur ? me
dit-elle. »

— « En effet, Madame, *Caporal supé-
rieur*. Seriez-vous fumeuse, par hasard ?

— « Pas par hasard, Monsieur, mais
bien par habitude et si j'osais…

— « Mais, Madame, fis-je avec la banalité la plus bourgeoise, usez et abusez,
je vous prie, de mes modestes provisions ;
cependant, ajoutai-je en présentant mon
porte-cigarettes, si je vous faisais non pas
une condition, cela serait indigne de vous,
mais une prière, bien pressante, daigne-
riez-vous y accéder ? »

— « Peut-être, dit-elle, si je crois vous
comprendre ; j'accepte l'offre et retarde la
réponse, attendez-moi ici, de grâce. Je
reviens de suite ; » — puis, avec un chu-
chotement merveilleux : « J'ai un mari
qui ne fume pas. »

Elle traversa vivement le salon et je l'aperçus tapant avec familiarité sur l'épaule d'un gentleman qui paraissait enfoui dans la lecture du *Times*. O mœurs incroyables ! Je devinai le mari. C'était une manière d'Hercule adipeux, le front chauve, les yeux ternes sous des paupières lourdes, le nez camard, les lèvres tombantes et, sur tout cela, le teint fade et exsangue d'un foie gras. Il était vêtu d'une sorte de veston en drap gris rayé et je vis de grosses bagues étinceler à ses doigts. Il échangea paresseusement quelques paroles avec sa femme, regarda sa montre, fit un signe d'assentiment, mit son chapeau, prit une canne, et cette machine épaisse s'ébranla et sortit, faisant trembler le parquet sous la triple semelle de ses bottes carrées. — Penchée sur le balcon, l'adorable créature regarda s'éloigner et se perdre dans le lointain cet homme atteint d'éléphantiasis et revenant à moi, toute joyeuse et coquette, montrant dans la satisfaction de son rire l'émail humide de ses dents superbes :

— « Et cette cigarette, Monsieur ? » dit-elle.

— « Quoi ! ici, dans ce salon, me pris-
je à répondre, oseriez-vous ? » — Puis,
plus bas : « Ma chambre est bien petite ; la
vôtre,... il n'y faut point songer. Pourquoi
ne sortirions-nous pas, au hasard ? Nous
nous laisserions emporter au courant sympathique qui nous entraîne ; côte à côte,
nous irions à pas lents dans la nuit tiède,
nous pourrions allumer notre cigarette au
brandon du Dieu de Cythère, oh ! de
grâce, je vous en prie... »

— « Vous le voulez, fit-elle simplement,
allons, mon maître, précédez-moi, je vous
suis. »

Elle prit un manteau, un fichu-mantille
et vint me rejoindre à l'angle de notre
caravansérail où je l'attendais, terrifié de
ma propre audace, l'âme en feu, le corps
brûlant.

— Cela vous paraît bien invraisemblable
n'est-il pas vrai, ma belle interlocutrice ?
vous souriez d'un air railleur et vous
doutez de ma sincérité. Les faits se ra-
content et ne s'expliquent pas ; la rêverie
n'a été créée par Dieu que pour donner à

l'homme le plaisir de paraphraser l'*étrange*. Or, en cette affaire, je n'étais que le bras du destin; dans ma philosophie stoïcienne, je pensais qu'il y a des femmes qui se donnent comme il y a des fruits qui tombent et que, au paradis d'amour, ne pas croquer la pomme c'est faire tort à la nature elle-même. — Ne criez pas au scandale. Une femme se livre, se donne toute dans un regard; on doit enfourcher et brider de suite le caprice pour ne pas lui donner le temps de bouder; il faut galoper aussitôt sur la grande route, arriver au but à franc étrier, ne pas farder le sentiment ni butiner dans les sentiers fleuris où le fantôme du remords se dresse avant la faute. Croyez bien que c'est une vérité et non pas une vaine théorie. Comme l'estomac, l'amour a ses fringales; conter fleurette dans ce cas, c'est prendre un apéritif inutile et ridicule, et, heureusement pour notre génération, le temps n'est plus où un amant maupiteux crevait de faim, de sentimentalisme et d'imbécillité dans la mièvrerie de ses désirs.

— Continuez donc, Monsieur le fat.

— Y a-t-il de la fatuité, Madame, à sabler une bouteille de champagne dont le bouchon vous saute au nez? Rétablissons le texte; étrange ou non, c'est là mon histoire. Mon exquise rousseaude se donnait à moi à propos de... crachoir, elle se livrait parce qu'elle était femme; un crachoir renversé, un cœur de gagné, c'est absurde et cependant c'est réel.

Nous cheminâmes longuement, appuyés l'un sur l'autre, sans nous inquiéter du chemin suivi ou des aveux faits et reçus; la nuit était noire et sans étoiles ; la lune devait gravir à l'horizon derrière les nuages amoncelés, et dans le silence de cette soirée mystérieuse nous n'entendions que la douce sérénade de nos baisers. Elle évita de me parler de son mari; je lui en sus gré, — c'eut été évoquer la pensée d'une fleur maculée par un porc. — Elle me conta sa vie avec simplicité, mit habilement en relief les exigences de son caractère impérieux, de ses fantaisies soudaines et me fit la confidence qu'elle n'avait aimé

qu'une fois, un amour court et tragique
dont le dénoûment avait été sanglant.
Comme j'insistais pour approfondir ce
drame, je la sentis trembler et fléchir à
mon bras; son cœur, sous sa mamelle
gauche, battit la charge d'un souvenir affreux, et une larme brûlante vint tomber
sur ma main.

Nous nous trouvions alors dans un lieu
isolé, quelques taches blanches trouaient
l'obscurité; je pensai à un chantier de
pierres de taille et, étendant mon manteau
sur une sorte de dalle qui s'offrait à nous,
je la priai de s'asseoir et je me mis près
d'elle. Un vent léger balançait des arbres
au-dessus de nos têtes; le grillon chantait;
au loin chantaient aussi les grenouilles,
c'était une mélopée triste qui nous gagnait
le cœur; les plantes, à la fraîcheur du soir,
distillaient des odeurs capiteuses et le vague
nous berçait mollement. Je lui pris les mains,
elle s'abandonna à moi, comme pour s'en-
lever à elle-même, à ses sombres pensers,
puis, dans la bataille acharnée de nos caresses, mon amour demeura vainqueur...

Mes lèvres en ivresse chuchotaient encore le *Te Deum* de la reconnaissance, je
tenais toujours entre mes mains, moites
de jouissance, cette tête merveilleuse dont
la lourde torsade de cheveux roux s'était
défaite et balayait la dalle de pierre, nos
âmes n'étaient pas entièrement revenues
à elles, lorsque, spectacle unique, la
lune, déchirant les nuages, vint éclairer la
scène.

Je tremble et pâlis, ici même à vos
pieds, Madame, en songeant à cet instant
funeste. Le champ où nous nous trouvions
était un champ de repos, le chantier de
pierres n'était qu'un cimetière, l'autel de
mon bonheur... une tombe ; la chevelure
bronzée de ma bien-aimée s'étendait sur
un *ci-gît* gravé en noir. — Un cri strident,
épouvantable, si peu humain, de terreur,
qu'il me poursuivra toujours, un cri long,
douloureux comme un râle sortit de la
poitrine de ma lionne terrassée. Elle se
dressa, droite comme une statue qu'on relève, la figure convulsée, les yeux saillants,
presque sortis de l'orbite, les lèvres épeurées

tandis que ses bras élevés se crispaient et
fouettaient l'air au-dessus de sa tête.

Il y avait en elle plus qu'une frayeur
soudaine et passagère, bien plausible en une
telle circonstance; je sentais une affliction
profonde qui lui ravageait le cœur. Elle
sanglotait silencieusement maintenant,
non pas comme ces femmes dont parle
Saint-Evremont, qui ne pleurent les morts
que pour attendrir les vivants; la blessure
qu'elle venait de recevoir était profonde;
à genoux, prosternée la tête dans les mains,
les cheveux crespelant sur les épaules, je
voyais sa gorge soulevée par des spasmes
déchirants ; ce n'était point la Matrone
d'Ephèse, c'était la Douleur, la grande
Douleur elle-même, qui puise en soi un
océan de larmes amères pour en abreuver
ses yeux. La pauvre charmante se laissait
fondre dans ce désespoir morne et mystérieux comme si le sépulcre sur lequel elle
s'était livrée eût contenu les mânes d'un
amant adoré auquel elle aurait juré fidélité
par delà la mort.

Je m'approchai pour lui parler, la calmer,

la rassurer ; je lui murmurai tendrement
aux oreilles des paroles d'amour, je l'exhor-
tai à revenir à elle et à moi, mais elle s'était
barricadée dans sa tristesse et semblait trop
fervente dans ses propres prières pour ne
pas être sourde aux miennes. Elle me repoussa avec un sourire à la fois doux et
implacable au travers de ses sanglots ; son
geste n'avait rien de brutal, il était chargé
de pardon, mais aussi d'une volonté de
silence si forte, si impérieuse que je vis à
n'en plus douter que cette tombe où nous
nous étions aimés s'élèverait désormais
pour toujours comme un remords entre son
âme et la mienne.

— Eh quoi ! ma chère sultane favorite,
ô belle Dinazarde, vous ne souriez plus ;
votre main devient froide et se retire de la
mienne, vous pâlissez presque ; n'allez pas,
au moins, vous trouver mal, il me faudrait
dégrafer ce corsage, mettre en liberté deux
tourterelles qui vivent au même nid, et
qui sait, ma petite Reine, si la vue de tels
trésors ne mettrait pas le conteur à la retraite pour placer l'amoureux en activité.

— Fi donc, de telles idées ! Votre histoire est si vilaine ! Moi qui vous accordais tant de confiance !

— N'ai-je pas été jusqu'ici aussi chaste que Fénelon, moins la beauté d'un style à la hauteur duquel je ne prétends point m'élever.

— Mais vos doigts, Monsieur, vos terribles doigts, au passage du chantier de pierres, m'ont tenu des discours... J'en rougis encore.

— Ne fallait-il pas, ma trop pudique amie, accentuer une situation que mon langage ne gazait qu'à regret.

— Je pardonne en faveur de la conclusion.

— Ce serait taxer bien au rabais votre curiosité et ne pas priser très haut mes honoraires de conteur, ajoutez une discrétion.....

— C'est me mettre, à proprement parler, le pistolet sous la gorge.

— Peut-être bien.

— Allez donc, Monsieur le Sacripant; je me vengerai un jour ou l'autre. Allez, et surtout, *tenez bien le crachoir* —· l'horrible expression que vous m'avez apprise là ! — en un mot concluez vite et concluez bien.

— Armez-vous de courage, mignonne impatiente, c'est la dernière étape. On dit vulgairement en parlant d'un cheval qui dévore l'espace en arrivant à son gîte qu'il sent l'écurie. J'ai sans doute d'aussi bonnes raisons qu'un vulgaire coursier pour mener vivement la fin de mon récit ; je conclus donc.

Les douze coups de minuit sonnèrent comme un glas funèbre dans la vespérale torpeur. Ma grande affligée éprouva le sentiment de la réalité. Je perçus comme un froid entre ses deux épaules ; elle frissonna et me fit signe qu'elle désirait reprendre le chemin déjà suivi. Nous revinmes lentement, elle, Madeleine par les pleurs et la beauté, moi, rêveur, philosophant sur l'étrangeté de mon aventure et plein de gratitude pour cette pierrette de lune qui ne s'était montrée qu'au moment opportun et qui nous suivait dans notre retraite avec son large rictus funambulesque. Je tentai, mais en vain, de renouer un lien si prématurément brisé ; mes paroles les plus chaudes, les plus émues, les plus vibrantes de sincérité allaient se briser contre cette douleur d'airain ; elle marchait droite, les yeux fixés devant elle, le visage inondé de larmes que la lueur lunaire cristallisait ; si je m'approchais, son bras comme un glaive d'acier me tenait au large ; ce n'était plus ma maîtresse du soir, mais une sinistre statue du Silence, une *Mater dolorosa* coulée en bronze pâle que les furies vengeresses du remords paraissaient animer et fouetter à mes côtés. — Nous arrivâmes enfin ; ses pensées devaient rester encloîtrées dans un mystérieux monastère de pénitence. Comme elle atteignait le péristyle de l'hôtel, elle s'élança, gravit vivement et sans se retourner le grand escalier de marbre et disparut à mes yeux. Au salon, on faisait encore de la musique, on dansait même, une sauterie cosmopolite roide et guindée. Dans un coin, sur le même fauteuil-berceuse que j'occupais auparavant, le mari de mon infortunée, ce Sganarelle en baudruche,

sommeillait placidement; — quel contraste !

Je dormis mal cette nuit-là; je me jetai
tout habillé sut mon lit et je fumai longtemps ces mêmes cigarettes qui l'avaient
séduite. Je n'en étais plus amoureux, j'en
étais intrigué. Je comprends très bien qu'en
voyage il faut savoir aimer sur le pouce
comme dîner au buffet; on aligne des
adresses sur un agenda, on jure de se re-
voir, mais on n'en pense pas un traître mot,
et ces fantaisies, ces caprices qui passent
comme la fumée d'une locomotive, ont
juste le temps d'émotionner à fleur de peau,
de chatouiller la suffisance sans placer le
cœur dans un sot étau qui le brise. En
voyage, a dit je ne sais quel philosophe,
les maîtresses sont comme l'ombre du cadran solaire, elles s'évanouissent avec le
soleil. Je cherchais néanmoins à me retrouver dans ce labyrinthe de douleur que j'avais
eue en spectacle, mais je ne pus y parvenir.

Le lendemain matin, à l'heure du thé, je
descendis dans la salle commune de *restauration*, tout curieux de dévisager ma

fauve promeneuse de la veille ; je ne la vis pas, j'attendis midi. — Personne encore. — Alors, inquiet, presque triste, je m'adressai au portier, à ce puissant ministre, à cet homme de distinction des hôtels de la Suisse :

« Cette dame dont vous parlez, Monsieur, me dit-il, est partie ce matin à six heures, son mari l'accompagnait ; elle était en grand deuil et pleurait à faire mal. »

Ces mots mettaient fin à mon aventure, ma charmante amie, de même qu'ils terminent bêtement mon historiette. Je dois ajouter cependant qu'avant de quitter Lucerne je revis mon crachoir, tout souillé de taches de sang ; — une hémorragie nasale, penserez-vous, — c'est possible ; mais comme j'avais mes raisons pour croire au fantastique, comme j'y crois fermement encore, je fis une folie d'Anglais, j'achetai le crachoir avec ses taches de sang. — Il figure dans mon musée des antiques, et je vous jure qu'il est ensorcelé et qu'il ensorcèle de la plus étrange façon.

— Comment cela ?

— Venez le voir en me faisant visite.

— Mais que fait-il, enfin?

— Que fait-il? C'est mal aisé à raconter ; prêtez-moi votre oreille, je vais vous le dire bien timidement à voix basse.....

— Ah! Monsieur! C'est affreux ce que vous osez me dire !

— Ne viendrez-vous pas vous faire ensorceler par mon crachoir?

— Jamais !

— Vous me devez une discrétion.

— Eh bien ?

— Vous y viendrez.

DU MOURIR EN AMOUR

Ce gentil joli jeu d'amour,
Chacun le pratique à sa guise.

SARRASIN.

IEUX que l'Arétin, Pierre de Bourdeilles, abbé et seigneur de Brantôme, eût mérité le surnom de *Divin*. Ce piquant compaignon dont on se nectare, ce naïf et joyeux conteur qui éblouit, qui grise par la vigueur, l'uberté, l'effervescence de son style capiteux, soldatesque et luron ; cet adorable esprit gaulois, franc, joculateur, sans imagination fantasieuse mais qui, naturellement, va se rigolant des grivoiseries de son époque ; ce gaudrioliste guerrier qui arraisonne et in-

5

dulge le vice en s'éjouissant avec simplesse
et sans énervation des brutales lascivetés
de ses peintures, ce mâle écrivain de notre
France aujourd'hui si guindée, si haut
cravatée et si préjugiste, ce grand Brantôme
seul eût été digne, dans ses *Dames galantes*,
de traiter le noble sujet qui nous empoigne
et nous séduit !

Lui seul, ce friand du cas qu'il raconte,
eût su *honnestement* mettre en lumière ces
râles mignons de la mort amoureuse, ces
extases sans nom, ces défaillances moites,
ces pâmoisons brûlantes ou ces tièdes voluptés du plaisir qui s'achève et s'éteint dans
un spasme ; seul aussi, il eût pu emmieller
son récit, garçonner sa verve et impétuoser
son humour en excitant le rire large et
sonore de ses lecteurs. Ains, si nous
sommes privé de ce dorloteur des sens,
de ce charmeur d'hommes robustes, nous
allons nous égoiser dans notre manière,
nous pelotonner dans nos souvenirs et
nuager — puisqu'il le faut — l'azur d'un
ciel si lumineux, si profond et si vaste.

Mourir en réalité, c'est ouvrir la paupière de l'âme; mourir en amour, c'est entr'ouvrir la soupape du bonheur; c'est se laisser aller à l'oubliance de la vie, c'est désencager les soupirs, les jeux, les ris, les grâces, c'est plonger son regard au paradis par l'ogivale lucarne de la félicité, c'est rendre hommage à la nature entière en se semant soi-même dans un merveilleux craquement cérébral.

Il gèle parfois entre homme et femme, dit un proverbe gallican. Il dégèle aussi souvent, et plus souvent encore il s'élève entre ces deux corps une température si chaude qu'un orage des sens vient y provoquer cette délicieuse syncope d'amour, qui, chez le sexe faible, se manifeste différemment. Dans ce sacrifice à Vénus, dans ce gentil joli jeu d'amour, chaque prêtresse succombe à sa manière; mais, sauf celles qui s'isolent et se mettent d'elles-mêmes hors de combat, toutes ont des gentillesses, des agréments, des saillies soudaines qui frappent; toutes ont des postures alanguies et câlines, des soubresauts étranges, des mouvements de torse *Michel-*

Angesques, des crispations nerveuses qui convulsent leur visage ou des léthargies profondes qui effraient. Toutes, ou la plupart, déploient en cet instant suprême les grâces minaudières dont elles disposent, car elles réservent à leur vainqueur les expressions les plus variées de leur soumission délicate.

D'aucunes, avec une beauté prestigieuse et un charme subtil, °tournent languissamment les yeux, d'une manière douce et vaporeuse, laissant passer entre leurs dents serrées un petit sifflement de bonheur, comme un souffle de reconnaissance caressant et parfumé. Telle une colombe mortellement blessée laisse aller sa pauvre petite tête sur son aile avec un abandon de victime qui nous point, tel aussi un joli baby rose, vaincu par le sommeil, livre ses membres mignons à la torpeur qui le saisit, tels les ravissants bras de l'infante tombent mollement le long de son corps tandis que son visage pâli et battu par l'excès du plaisir se penche et roule sur son épaule. Lentement, bien lentement, comme une veilleuse qui se ranime, l'œil revient à la vie et s'entrouve; les prunelles brillent de nouveau et déjà fixent amoureusement l'être adoré, puis, deux lèvres de pourpre, deux muqueuses de grenat lubrifiées par la morbidesse de la passion, font entendre, dans un échange d'âmes, dans une confusion d'existences, cette mélodieuse musique des baisers, plus grandiose, plus suave, plus vibrante que la *Romance sans paroles*.

Cette manière de *mourir* est peut-être la plus voluptueuse, car, au milieu d'une courbature si puissante et si idéale, les paroles qu'on pourrait prononcer seraient lourdes, sottes et mal venues; parler dans ce joli cas, ce serait jeter du lest dans l'aérostat qui élève et transporte les esprits; mieux vaudrait éveiller un somnambule dont la promenade s'opérerait à des altitudes vertigineuses.

D'autres ont des appétences d'infernale lubricité; leurs râles d'amour témoignent de crispations terribles; ce ne sont que soupirs prolongés, hoquets convulsifs, cris gutturaux, inarticulés, barbares et stridents comme les cacophonies nocturnes des

chattes de gouttières. Le torse se recourbe
et se détend comme un arc, les hanches
sautent et rebondissent, la poitrine se
soulève ; les bras, lancés de ci de là,
s'allongent nerveusement ; les mains pin-
cent, serrent, se crispent et déchirent; les
prunelles dilatées envahissent l'orbite ; la
bouche lascive se tord ; les dents grincent,
claquent ou mordillent frénétiquement et
les cheveux défaits, épars sur des blancheurs de toile, donnent un superbe
relief à ces têtes de Gorgones.

Quelques-unes, furies indomptables,
créatures damnées de l'enfer, s'électrisent
dans une sensualité délirante; ces Thyades
fougueuses se cramponnent, se renversent
et se pâment avec des rires de folle. Dans la
chaleur de leur étreinte, dans leurs ruades
d'amour, le corps se brise, les os pètent, la
chair se meurtrit par de poignantes félicités,
et, sous la turgescence et la brutalité de
leurs mouvements frétillards, le sang brûle,
la moelle fond, les cheveux se dressent et
les jointures se distendent. — Ces succubes
féroces implorent sans cesse la satiété de

leur sanguine vitalité, ils plongent au fond du plaisir et veulent tarir la source du bonheur ; mais les griffes aiguës de ces démons déchirent plutôt qu'elles ne caressent et leurs ardeurs dessèchent sans rafraîchir et rendent perclus de tous membres.

Que Dieu garde les amants, les solides cavaliers de telles haquenées ! ce sont des harpies sinistres, des vampires qui fascinent, qui boivent les sueurs d'amour et le sang de leurs victimes dans la coupe sans fond des voluptés qui tuent ; ce sont des creusets où se fondent les cervelles, où se liquéfient les volontés les mieux trempées, ce sont des cavales sans frein qui galopent dans le plus infernal des sabbats.

Le *mourir* de telles femelles est une agonie longue et effrayante ; c'est le *delirium tremens* de l'amour, l'ivresse de la luxure, le sensualisme poussé jusqu'à la cuisson, la goinfrerie des sens. Messaline ainsi devait mourir dans ses immondes débauches, Messaline, la chienne antique, le prototype de l'infamie, de la bestialité et de l'écœurement.

D'autres encore, dans la délicieuse ac-
cointance des coucheries sereines, donnent
leur âme pour un baiser et se livrent entièrement aux élans incoercibles de leurs sensations. Chez celles-ci, l'esprit guide le
corps, les appétits charnels sont au service
d'une imagination déréglée et fantasque,
la dépravation est toute cérébrale, et les
sens éprouvent moins qu'ils ne croient
sentir. Sur le clavier sonore de ces corps
aimants, on peut faire passer des gammes
infinies d'expressions qui vibrent longuement. C'est l'amour qui *rossignolise* et qui
chatouille l'âme par les oreilles et la vue :
c'est une joie délicate et charmante, c'est
un repos aussi bien qu'une liesse, c'est un
désir qui se dresse, qui prend possession
pour renaître aussitôt. Ces mignardes mou-
rantes ont des regards lubriques et velou-
tés qui papillonnent, frôlent l'épiderme et
qui semblent filtrer au travers de leurs cils
comme ces discrets rayons de soleil qui se
jouent dans une poussière d'or à travers
les rideaux d'une alcôve.

Rien de plus piquant, de plus tendre que

la joliveté coquine de tels minois! Les narines rosées palpitent légèrement, l'haleine tiède et embaumée actilise le friand des lèvres, les fossettes du menton se creusent, se font souriantes et polissonnes, et deux beaux bras ronds, frais, polis et doux comme un émail Japonnais se recourbent gracieusement sous la nuque engourdie par les délices.

Certaines se plaisent, d'une voix basse et confidentée, à murmurer, à traîner sur la langue mille petits riens gaillards, musardies érotisées, déclarations séraphiques qui font courir et tressaillir la concupiscence au cervelet. Dans de telles énervations, il faudrait s'avouer des calus sur le cœur pour n'y pas ressentir une rosée de bien-être qui vivifie l'amour-propre en activant l'amour même.

Quelques autres regardent mourir leur vainqueur avec une curiosité, une rouerie à la fois malicieuse et sensuelle ; c'est une sorte de caprice enfantin langoureux, délectable, tout chargé de cajoleries et d'une tendresse protectrice où la maternité

6

de la femme se retrouve. La tête en arrière, les yeux égrillards, la bouche béante, elles sont là sur le qui-vive de la félicité, dans l'attente d'un spasme à partager, d'une extase à épier ; elles couvent cet instant suprême en activant leurs caresses, en dorlotant une virilité qui bientôt va éclater, en employant des complaisances qui pimentent et relèvent l'acuité du bonheur.

Les unes, timides ou fières, font les friquenelles, et, au moment radieux, se voilent le visage de leurs mains ou vont se cacher dans les replis de draps, non tant par honte pour elles que par fausse pudeur et crainte vague. Ces nymphettes timorées se pelotonnent en un coin, se font petites et drapent leurs tant gentilles formes avec un désir de décence qui est fort immodeste. Par contre, d'autres ont la superbe impudence de leur impudicité et, rejetant tous voiles, belles de l'orgueil de leur beauté, se laissent voir et contempler, manier, baisotter, caresser en se langourant et se réjouissant de la vanité de plaire. Certes, cette façon est agréable, d'autant que

pareilles créatures sont exquises en tous
points, et, comme le dit si bien Brantôme,
puisque les yeux sont les premiers qui atta-
quent au combat de l'amour, il faut admettre
qu'ils donnent un très grand contentement
quand ils nous font voir quelque chose de
rare en beauté.

D'aucunes, grandes dames, expirent tout
à trac, et, sur la fin du déduit, font entendre
des cris de désespoir, des sanglots profonds
ou bien encore versent de belles grosses
larmes silencieuses qu'on pourrait attribuer
au remords, mais qui ne sont qu'un tribut
de reconnaissance à l'ivresse qu'elles viennent de goûter. Ces dernières quelquefois
reprennent possession de leur raison éga-
rée un instant dans le labyrinthe des sens ;
elles mesurent alors l'étendue de ce qu'elles
nomment leur chute ; elles sont craintives
de l'avenir, épeurées du présent ; elles ré-
clament des serments, des garanties, des
sécurités, des promesses de constance; elles
font sortir la jalousie des replis de leur
cœur et s'attachent, adhèrent à leur caval-
cadour comme le lierre au robuste chêne.

Point ne voulons parler des amours feintes et affadies, des mercantiles appas, de la flétrissure des voluptés vénales, des pâmoisons de courtisanes qui se marbrifient entre les bras, de ces râles dupeurs d'oreilles, de ce comédisme de l'amour qui n'est que piperie. Le *mourir* de ces mérétrices n'est que le lieu commun des jouissances fardées, l'ornière stupide où se traîne la banalité des mêmes mots, des mêmes poses et des mêmes soupirs ; à cette table d'hôte de l'amourette où des générations viennent s'attabler, nous n'avons rien à recueillir. C'est le plaisir à la portion, le prix-fixe des sensualités hâtives... Eloignons-nous vivement pour ne pas juvénaliser sur ce pénible sujet.

Il faudrait tout un chapitre pour noter toutes les variantes et les intonations voulues, les adorables mots qui précèdent, qui accompagnent ou qui suivent le *mourir en amour*. Comment détailler tous ces petits riens qui jaillissent subitement avec une fraîcheur de vérité nue ! Comment transcrire ces exclamations expressives, ces *oh !*

ces *ah !* autrement que par des lacunes pru-
dentes ! Comment montrer et dépeindre
la grâce, la naïveté, l'espièglerie de ces
qualificatifs : *fi donc, Monsieur ! petit horreur..., Ah ! vilain — gros monstre ! coquin !
mauvais sujet ! polisson chéri !* ou ces jolies
bouderies mutines : *c'est fini entre nous —
cachez-vous vite ; je ne vous reverrai de ma
vie ; osez-vous bien encore m'embrasser,* sans
compter ce mot toujours nouveau, qui n'est
jamais une redite pour le cœur, ce mot
banal et brillant, ce mot qu'on souille et
qu'on prostitue mais qu'on enchâsse aussi
comme un diamant, ce mot que chaque
femme sait moduler différemment, qu'il
vienne des lèvres ou de l'âme, ce mot
de tous les temps et de tous les âges, le
divin : *Je t'aime.*

Pourquoi faut-il que notre langue soit
devenue sévère dans son anémie, prude
dans sa pauvreté, roide et froide dans ses
manières ! A une autre époque, dans un
siècle bon vivant, sanguin, chaud, sabreur
de préjugés et large d'idées, nous eussions
aimé développer dans de nobles proportions

le mourir en amour, mais au milieu de notre génération de trembleurs, il faut passer sous le laminoir d'une civilisation qui permet et applaudit les grossièretés de l'argot, les barbotages de la fange, mais qui interdit formellement les délicatesses, les raffinements, les débauches et les orgies quintessenciées de l'esprit. On peut aujourd'hui en littérature, se faire égoutier, mais non pas parfumeur ; on peut remuer des immondices, mais se plonger dans un bain de senteurs — quelle infamie !

UN CURIEUX MALÉFICE

De toutes les façons de faire cesser
l'amour, la plus sûre est de le satisfaire.

MARIVAUX.

A mon ami Louis de Beaujeu
Au château des Muguets.

AH ! mon cher bon : ma dernière bonne fortune ? Ridiculement mauvaise ; c'est une honte, cela ne se raconte pas, ça s'avale et ça se cache. Cependant, tu es discret comme une alcôve fermée ; écoute donc et ne te gausse pas trop de ma détresse. Je vais te narrer mon infortune avec cette vitesse de style qui part sans relayer et que Monsieur de Voltaire, dans une horrible expression à la Purgon, se permet de nommer la *logodiarrhée*.

T'ai-je parlé de la Dame en question ?
point ne crois. — Femme du monde,
catégorie des Célimènes. — L'âge ? c'est
épineux, il y a des visages qui n'ont pas
d'âge ; mettons trente ans, si tu le veux
bien. Très jolie pour ceux qui ont la rétine
conformée à la Rubens, un peu lourde
pour les raffinés qui voient comme Bou-
cher et Fragonnard. Grande, brune, forte,
des yeux bruns, fiers et polissons à la fois,
la bouche de tout le monde et le nez de
personne. Pour le corps, une Fornarina ;
des épaules, des bras, un cou, des hanches
à ravager un bal de sous-préfecture. Tu
vois cela d'ici.

Parlerai-je du mari ? A quoi bon. C'est
une ombre chinoise, une silhouette souriante et bonasse, une machine à poignées
de mains molles, une figurine en glaise qui
n'a jamais été cuite et que chacun pétrit,
même au front ; c'est une utilité qui
découpe les poulets, qui vante ses vins et
qui offre des cigares bien secs ; c'est un
prête-nom, une enseigne, une pièce à
conviction, rien de plus.

Je fus présenté chez elle, l'hiver dernier, et reçu avec une cordialité touchante. Son salon est charmant et du meilleur goût ; pas criard ni aveuglant. Il est ménagé dans un vieil hôtel du faubourg Saint-Germain ; ce sont des boiseries blanches et or, fouillées à jour, semées d'attributs mythologiques. Ça et là, des trumeaux merveilleux, des dessus de porte en camaïeu et quelques vieilles perruques Louis XV qui ont fort bonne mine dans l'ovale de leur cadre ; en un mot, un rococo séduisant où rien ne détonne, ni les tentures aux nuances flétries, ni les meubles aux courbes savantes et grêles, ni même la maîtresse de céans, très Directoire dans ses façons, dans ses gestes et dans ses poses un peu coquines. — On y hante des littérateurs, des artistes, des feuilletonnistes et des petits courriéristes ; tout monde cravaté, plastronné, assez drôle suivant les circonstances, les courants sympathiques ou antipathiques qui s'y produisent.

Les dîners y sont sérieux, exquis, — on en rêve encore pendant la visite de digestion ;

il y a là des Corton vieux, des Ermitage, des Vougeot, des Chateau-Neuf du Pape plus agréables à consulter qu'un dictionnaire des rimes ; c'est une superbe table devant laquelle on se sent devenir superbe four- chette. Grimod de la Reynière y eut pris pension et un évêque y serait à l'aise.

Te dire à brûle-pourpoint que je fus aimé et que j'aimai, ce serait sot et fat. Comment cela s'emmancha-t-il ? — Attends un peu, m'y voici. La littérature me servit d'entremetteuse ; la pauvrette nous joue quelquefois de ces tours auprès d'âmes charitables ; ce n'est qu'une légère com- pensation à ces galères forcées auxquelles elle condamne ses esclaves. — On m'écrivit, je répondis.

Les célibataires, à mon avis, ne sont autre chose que les contrebandiers du ma- riage ; ils maraudent sur le terrain légitime, et ils ont raison, morbleu ! Leur amour ne porte pas l'estampille et ne peut être soumis à l'impôt du cocuage : ce sont de francs-coureurs d'aventures, libres d'eux- mêmes, sans discipline ni sots préjugés.

Ils ont un tempérament à jeter au vent du caprice et ils le jettent. Vive Dieu! qu'ils sont heureux! Sur le versant de l'inconstance, ils font rouler leur cœur comme un ballot qui rebondit dans le pays matrimonial, et ces diablesses de femmes, qui aiment le plaisir de contrebande, ne détestent pas de tromper la vigilance d'un mari douanier qui veille sur la falaise de sa morose inquiétude ou sur le sommet de ses suspicions.

La correspondance a ce charme tout particulier qu'elle pénètre aisément dans les intérieurs; elle se glisse comme une confidence, elle se dérobe comme une brochurette défendue, imprimée à Sybaris avec le privilége de Cupido; elle se cache partout, aussi bien dans un coffret de bois de senteur qu'entre deux petits frères, ennemis de Tartuffe, qui la protègent et l'embaument; elle excite et pollue l'imagination; elle est plus perfide que la parole, elle dit ce qu'elle veut et n'a rien à répondre. Elle fait rêver; c'est une traîtresse qui persuade, qui se fait petite dans

son arrogance et fière dans sa petitesse;
on couche avec elle sans pudeur, on l'em-
brasse, on la manie, on la caresse quand
on ne la froisse pas; de là à traiter l'expé-
diteur de la même façon, il n'y a qu'une
occasion.

On m'écrivit donc et je répondis. —
Célimène avait du style : un style jaseur
de ruisseau caillouteux; elle avait du
coloris, du rose dans la plume et, bien
mieux, elle possédait de l'esprit, beaucoup
d'esprit, trop d'esprit, si j'en juge par
cette pensée du sage Larochefoucauld que
« l'esprit ne saurait jouer longtemps le
personnage du cœur ». Mᵐᵉ de Lambert
ajoute bien, il est vrai, qu'une femme ne
devient guère spirituelle qu'aux dépens de
sa vertu, et cela me rassurait. J'excitais,
j'agaçais, je taquinais et chatouillais l'esprit de ma correspondante; je lui envoyais
de petites fusées gaillardes auxquelles elle
ne s'attendait point, je démoralisais ses prin-
cipes.— En avait-elle ? — Je comédiassais à
ravir, et, dans ce cabotinage de style fardé,
j'employais plus de fleurs de rhétorique que

cet excellent Monsieur de Jouy, de l'Académie française, n'en dut jamais cueillir.

Dans mes visites, par contre, — car je
faisais des visites de temps à autre, — je
me montrais froid, réservé, timide : un vrai
Thomas Diafoirus, un bon jeune homme ;
ne vois-tu pas cela de ton coin ? Je restais
là, sur mon siége, immobile, lançant des
sourires forcés et disant des politesses,
ayant l'air de ne pas même comprendre
les sous-entendus de conversation qui ne
s'adressaient qu'à moi. C'était désespérant !
à ma sortie on devait s'écrier : « quel
niais ! quel sot ! est-il possible ? » Mais
avant que la pensée eût eu le temps de
mûrir et de se fixer, une lettre arrivait,
chaude, passionnée, une étuve sèche, le
bain turc du sentiment ; mes missives
étaient les échelons de cet escalier en spi-
rale par lequel je montais à son cœur.
Visites bêtes, lettres ardentes ; cela dura
six mois.

Cependant, par malheur, Célimène se
donnait, sans avoir l'esprit de se laisser
prendre. On ne sait jamais gré aux femmes

de cette façon d'agir; l'amour est un steeple-chase; s'il devient course plate, adieu la vanité d'amant; autant lancer sous les pas d'un chasseur convaincu une perdrix apprivoisée, il la dédaignera et ce sera justice. Ma princesse plaçait son cœur sur la table et me disait : « Prends-le, il est à toi. » Je ne le prenais point. Un cœur s'arrache, se dispute, se viole, s'enlève, mais ne s'empoche pas comme un billet à ordre. Les désirs sont des soldats, ils doivent monter à l'assaut et ne tomber inanimés que dans la citadelle; gagner la victoire sans combattre, cela est cruel et mortifiant, et si l'on arbore le drapeau blanc, la vigueur des combattants s'affaisse, les armes tombent, la hardiesse et la crânerie du guerrier disparaissent. C'est un vainqueur vaincu par la nullité de la victoire.

Le cœur de la belle restait donc sur la table, comme une carte de visite cornée, une carte de fâcheux; je sentais une politesse à faire et l'usage du monde s'imposait plus à moi que les belles manières de la galanterie.

Je te conte tout cela, mon très cher, en hâte, sans documents ni pièces à l'appui. Il serait peut-être plus curieux pour toi de compulser un dossier de lettres; mais la discrétion est une honnêteté : c'est la pruderie de ces sortes d'affaires, et tu dois te contenter de ce paisible bavardage sans prétentions. Figure-toi, en effet, que nous sommes réunis, comme dans ces longues soirées d'hiver, devant une rouge braisée, près de l'âtre où siffle la bouilloire; tu es là, près de moi, tu te renverses, tu te dorlotes, tu te berces dans ce grand fauteuil à oreillettes où tu te plais tant à m'entendre jacasser, tu caresses de ton talon *Tibia*, mon bon lévrier russe, et tu entr'ouvres en bâillant l'ennuyeuse *Revue des Deux Mondes*, qu'on découpe toujours mais qu'on ne lit jamais. Avec la droiture de ton jugement, je te contemple, souriant et prêt à me railler sur mon inconstance et ma frivolité, mais écoute, je te prie, sans murmurer le récit de mon aventure d'hier; elle est déjà pour moi à l'état de souvenir, et le souvenir, vois-tu, quel magicien !

c'est le joaillier du passé, c'est lui qui se
charge d'enchâsser dans des griffes d'or,
ciselées par l'imagination, ces perles fausses
qu'on nomme des illusions.

Mes lettres m'engageaient à jouer un
rôle militant auprès de ma correspondante.
Je ne reculais que pour mieux sauter : on
n'envoie pas des nuées de baisers par la
poste, on ne couche pas par écrit les plus
séduisantes polissonneries sans être, un
beau jour, obligé d'acquitter tous ces billets
souscrits ; il me fallait donc, bon gré mal
gré, payer mes dettes et griffonner aussi
bien que possible sur le timbre de l'acquit.
On me donna un rendez-vous ; d'autres y
auraient couru avec transports, je m'y
rendis lentement, avec ennui, comme quelqu'un qui a donné sa parole et qui a trop
d'honneur pour y manquer. Vingt fois, je
dois te l'avouer, je fus sur le point de faire
crédit à ma conscience et de protester
mes engagements : c'est bizarre, mais c'est
humain.

Le rendez-vous était un fiacre; l'endroit :
un coin de rue, non loin d'une église;

les armes : l'espérance à bout portant ;
l'heure : le mitan du jour, comme disent
nos paysans ; les témoins :… heureusement
il n'y en eut pas. C'était un temps lourd
d'orage, le ciel était bas et menaçant, et
j'étais si mal à l'aise que mon front pleurait de grosses gouttes de sueur qui me
sillonnaient le visage. J'attendis patiemment
dans mon coupé de louage ; je me serais
donné au diable pour que la pluie se mît
à tomber ou pour que le cheval prît le mors
aux dents ; mais il ne plut pas, et la maigre haridelle, humble candidat de quelque
boucherie hippophagique demeurait en place
sans bouger. — Un petit cri, un souffle
oppressé, un bruit de soie froissée, une
gorge qui palpite à faire craquer le satin d'un
corsage, une portière qui s'ouvre et qui se
referme, un long baiser, des pressions de
mains, le fiacre qui marche, ô miracle !
c'était-elle !

Adorables, les premiers moments ! « Par-
donnez-moi… je suis si émue ; ma voix est
affreuse ; je tremble… je dois être vilaine à
faire peur aujourd'hui. J'ai les nerfs ma-

lades... cet horrible temps d'orage ! je craignais tant que la pluie ne vînt à tomber... Enfin nous y voici... ô mon chéri, êtes-vous suffisamment aimé ? doutez-vous de moi et de mon *amitié* maintenant ? »...

Je répondais de mon mieux, mon cher ami, mais je m'épongeais le front; la voiture roulait, la coupe de l'amour allait s'emplir, il fallait la vider. J'étais tellement assuré de ma conquête que je me laissais aimer et que je n'aimais plus ; le libertinage m'envoyait quelques lueurs dans la cervelle, était-ce suffisant ? avec une bonne petite créature tout bêtement belle, certes oui ; avec Célimène, non. — Il y a des femmes qui sont faites pour être drapées dans une grande passion; je n'avais pas d'étoffe pour ma voisine, tant pis pour elle ! Je la courtisais un peu néanmoins; on est bien forcé d'être galant homme quand on ne peut pas être homme galant.

Le fiacre s'arrêta : nous nous trouvions devant la gare de l'Ouest, rive gauche. Une promenade dans les bois était décidée, une promenade de nymphe et de sylvain avec des bancs de mousse tous les dix pas et des horizons de *cotté verte* aussi souvent. Les *tickets* furent pris pour les bois de Chaville, et un compartiment de *first-class* nous réunit bien solitairement. Cela risque à ton avis, mon excellent bon, de dégénérer en histoire de canotier, mais c'est la vérité qui sort toute nue de mon encrier ; une vérité nègre, il faut en convenir, mais je ne saurais lui passer la moindre chemise. C'est traîner les choses en longueur, me diras-tu ; — souviens-toi que Pascal affirmait que rien n'est plus difficile que de faire court ; prends donc ton mal en patience, le style n'a pas comme la statuaire son *procédé Colas*.

Il y avait plus de six mois que je n'avais percé la croûte de cet immense pâté qui se nomme Paris et j'étais affolé par le grand air, ahuri par la vue des coteaux de Sèvres et la beauté de ce merveilleux panorama, unique au monde. Je regardais les arbres avec une curiosité d'enfant, mais j'étais triste et ne pouvais me vaincre. Je recevais des baisers machinalement et en accordais qui n'étaient l'expression d'aucune conviction du cœur ou d'autre chose.

Chaville ! Chaville ! criait-on sur la voie. Nous étions arrivés. Nous prîmes par les sentiers boisés les longs chemins montueux qui gagnent Ville - d'Avray. Devant nous cheminaient deux prêtres ; leurs longues soutanes noires se détachaient sur le ruban grisâtre de la route : cela me fit une singulière impression ; dans cette école buissonnière de l'amour, nous n'avions rien à attendre des bons offices de la religion, et je les vis disparaître avec plaisir à l'horizon verdoyant.

Appuyée sur mon bras, elle marchait crânement en vraie parisienne qui sait éviter les ornières réelles et choir, sans prendre d'entorses, dans les petits ravins de l'adultère. Elle était heureuse et fière, presque folle de gaîté ; ses mains de chanoinesse gantées, pressaient mes doigts, humides, sa tête inclinait sur mon épaule à portée de mes lèvres, ses yeux riaient et les petits cheveux de sa nuque frissottaient avec un charme biblique au souffle chaud de la bise.

Elle me contait comment cet amour avait pris naissance dans son âme et y était poussé dru et vigoureux, comme quoi elle l'avait vu grandir sans trop s'effaroucher et, avec des câlineries de voix, elle se délectait, se plongeait dans le bonheur du moment comme ces petits oiseaux qui se baignent, sautillent, et se secouent dans des flaques d'eau minuscules au milieu d'un joli gazon. Nous nous étions assis ; il faut se méfier de la passion qui s'assied, du vice qui se lève ou du libertinage qui se couche ; je n'entrevoyais rien de bon au bout de cette sieste, n'ayant pour l'instant aucune verve d'égipan. On me voulait cependant, on se donnait, et je ne me livrais pas ; l'heure du plaisir avait sonné, mais ma montre était arrêtée ; on ne m'indiquait que trop clairement que je devais sacrifier, ce jour-là même, dans le temple de la félicité. La torche, hélas ! était éteinte, le feu sacré ne prenait pas. Je rageais de voir bouder mon cœur devant

la franchise, la gentillesse, l'ardeur et la
plantureuse beauté de ma compagne, et
plus elle devenait tendre, plus je me sentais
glacé. La nature avait changé les rôles ;
c'était elle l'homme qui prie, moi la femme
qui résiste ; lorsqu'elle se penchait pour
tomber, je prévenais sa chute ; quel admi-
rable thème pour un psychologue !...

Je te jure, mon ami, que j'étais au
désespoir ; je me serais volontiers troqué
moi-même et sans orgueil contre un por-
teur d'eau ou un fort de la halle, car,
non-seulement j'étais sans désirs, mais, ce
qui est bien pis, mes sens semblaient
plus morts, plus inertes, plus creux que
les branchages desséchés qui se brisaient
et craquaient sous ma bottine. L'esprit est
sot dans une telle circonstance, le premier
promeneur en eût montré plus que moi ;
par malheur le bois était solitaire, le
rossignol était sans voix et comme « le
jeune malade à pas lents » je regardais
tomber les feuilles mortes à l'arbre de
mon amour-propre.

Il fallait tenter résolûment un coup d'audace, c'est ce que je fis ; c'était attaquer sans armes, qu'importe ; la situation était tendue, l'honneur en jeu ; je simulai un transport subit, plus en parole encore qu'en action ; on m'objecta un *non* qui avait la valeur d'un *oui* très doux ; je n'avais pas à regarder de si près et répondis que je n'aurais garde de refuser la première prière qui m'était adressée par la plus charmante des femmes. — Si ma galanterie sonna faux, il n'y parut pas, j'étais sauvé.

Je m'aperçois, Carissime, depuis le début de cette lettre, que l'auteur des *Provinciales* a grand raison : Rien n'est plus haïssable que ce *moi* éternel qui découle sans cesse d'un pareil récit ; tous ces *Je* qui se suivent sont d'un effet déplorable et portent sur les nerfs, mais qu'y faire ? Dans ce sentier du racontage, il n'y a pas de bifurcation ; il faut traîner son *égoïsme* comme un toutou en laisse, et comme je ne puis me défaire de ma personnalité amicale, accepte la et ne souffle mot.

Nous dînâmes, ce soir-là, dans le pavillon isolé d'un restaurant désert, au bord d'un étang artificiel; la salle à manger était une fraîche petite chambrette tendue de perse rose et verte. Au fond, — c'était jouer de malheur, — une alcôve mystérieuse, un vrai divan amoureux, d'un aspect tentateur. En entrant dans ce *buen-retiro*, Célimène se prit à rire et à rougir à la fois; elle ne fit pas la prude cependant, ôta son chapeau devant la glace, arrangea ses cheveux, dégrafa son dolman et se présenta devant moi aussi pimpante qu'une Mimi-pinson de kermesse. Je comptais énormément sur le souper et l'espérance me rendait gai; bah! j'augurais bien des vins, des perdreaux qui rôtissaient, du café que j'entendais moudre et des liqueurs qui fouettent le sang; l'amour est un enfant délicat : un rien le fait naître, un rien le fait mourir, la moindre des choses le ressuscite; si le tempérament se perd dans les bois, il risque fort de se retrouver à table. Au premier flacon de Beaune première, le machiniste de mon crâne avait

très intelligemment changé sa décoration.
La scène représentait un ballet de para-
doxes ailés qui dansaient à merveille,
faisaient des entrechats, des pointes, des
déliés, des pirouettes à la ravir et à
me ravir. Je fus amusant, drôle et fort
libertin, mais pas amoureux du tout; ce
diable de cerveau accaparait, tirait tout à
lui, et mon malheureux corps était aussi
ridicule qu'une carafe d'eau claire devant
un bon vivant. — Sans qu'elle s'en aperçût
je lui versai rasades sur rasades et fis
carousse avec elle, comme un humeur de
piol échappé de Téniers ou de Ostade.
On pénètre plus avant, dit-on, dans le
cœur d'une femme avec quelques bouteilles
que par dix ans de fréquentation; cela
est si vrai que ma belle ne me cacha rien
de son moral et me montra ce que je
voulus de son plantureux physique.

Au dessert, je fus d'une hardiesse qui eût
frisé l'impertinence et défrisé les mœurs en
toute autre occasion, mais l'audace change
de nom quand elle s'adresse à une femme;
elle n'est plus téméraire : elle rentre dans

la logique de Dieu. Si Adam eût été timide au paradis terrestre, le monde serait
en retard très probablement ; je fus donc
audacieux, et on m'en sut gré. Je n'avais
pas à délacer ; les vêtements ont de l'à-pro-
pos, quelquefois ; il y a des boutons qui
sautent et des jupes qui tombent avec
esprit, sinon avec grâce ; cela se voit dans
les féeries, et les couturières inventent
des systèmes fort propres à calmer les
amoureux hâtifs.

Hélas ! mon cher, infortuné mortel
que je suis ! Il n'y a pas que les honteux
qui perdent, j'avais oublié qu'il faut suffire
à tout ce que l'on tente et ne pas attaquer
sans emporter la place. Mon front est
encore moite de ma honte, mes mains
tremblent toujours, mon cœur suffoque ;
je ne puis me déprendre, en t'écrivant,
d'une sourde rage contre le destin.

Le croiras-tu, ô mon meilleur ami, en
dépit de la jolie commandite qui m'était
offerte, je fis outrageusement banqueroute
sur la route de la bonne fortune ? Rien
n'y fit ; ni mon inaltérable confiance en

moi-même, ni les entremets de l'amour, ni les friandises du plaisir, ni les plus stimulants préceptes de Brillat - Savarin. J'eus beau rallier mes forces dispersées dans les plaines de la distraction, et les haranguer en les excitant ; les Troyens, jadis, écoutèrent mieux Cassandre. Elles prirent la fuite comme une armée en déroute, la peur de la défaite les talonnait ; pour la première fois de ma vie, je le confesse, il me fallut capituler ; le feu s'était éteint dans mes veines, les paralytiques n'avaient plus rien à m'envier.

Quelle scène ! quel désespoir ! Je n'avais même pas les honneurs de la guerre. On me consola, on me pardonna, on me prôna : un charretier, me dit-on, pouvait seul s'affliger d'une pareille bagatelle, mais un homme d'esprit n'en devait avoir cure. La belle raison ! J'étais furieux, sinistrement furieux ; il y avait de quoi : l'Amour avait brisé son arc, Vénus buvait son injure ; je songeais à Mathurin Regnier.

Duclos prétendait judicieusement que plus les femmes ont hasardé, plus elles sont prêtes à sacrifier encore ; c'était l'opinion de Célimène, mais sa douceur et ses jolis projets tout radieux d'espérance ne servaient qu'à attiser mon courroux.

Nous revînmes à Paris ; on m'enveloppa de petits soins, de mots vivifiants : cela m'énervait ; j'avais besoin de reprendre possession de ma personnalité, de me considérer vis-à-vis de mon honneur d'homme, de me démonter comme on démonte une montre pour voir comment les rouages s'étaient cassés.

De retour chez moi, j'endossai une vieille robe de chambre et trouvai une vieille maîtresse qui m'attendait ; c'était me retrouver moi-même ; mon cœur était resté au logis et je songeai au bonhomme de La Fontaine qui, après avoir couru le monde à la recherche de la Fortune, la rencontra, en rentrant, sur le seuil de sa demeure.

Les faunes, crois-moi, ne sont pas toujours dans les bois, la civilisation les a gagnés et amignotés. Depuis le dix-huitième siècle, ils fréquentent les ruelles, les petits soupers et les orgies clandestines, ils se plaisent dans la tiédeur des boudoirs et sur le satin des divans, ils ne caressent plus les naïades que dans des salles de bains. Ils mettent des bas de soie et se parfument. Ils se nomment Richelieu, Desforges ou Casanova; ils ne sont plus sylvains, ils sont gentilshommes dans le bon sens du mot.

J'écrivis à Célimène; je lui fis comprendre que l'esprit n'a rien à démêler avec la bête, que l'un peut aller à droite tandis que l'autre se dirige à gauche; je lui proposai de devenir son ami. C'était un sanglant outrage, il faut en convenir; elle repoussa tout d'abord mon amitié comme une dérision, elle l'accepta peu après comme une compensation. Je lui fis remettre ses lettres et réclamai les miennes.

Une ravissante soubrette me les apporta. C'était une créature qui portait dix-huit ans dans ses yeux et autant dans son corsage; ce n'était plus Rubens, c'était Lancret; un Lancret dessiné à la sanguine et relevé à la gouache : elle avait une chevelure d'un blond vert comme de la mousse d'automne et des yeux bleus comme les pétales d'un nymphéa. Tu devines, n'est-ce pas? Lancret se chargea de prouver à Rubens que tous les goûts sont dans la nature et que Marmontel était un profond moraliste en répondant à une dame qui le questionnait sur le mariage :

J'y songe, Madame, quelquefois, ... le matin, en m'éveillant.

LES

PULSATIONS DE L'ATTENTE

> Lorsqu'on doit voir, le jour, la femme qu'on aime, l'attente d'un si grand bonheur rend insupportables tous les moments qui en séparent.
>
> STENDHAL.

Si, pour les jouisseurs hâtifs, le rendez-vous d'amour vaut rarement le bonheur imprévu, certes il a son mérite et point n'en faut médire. En amour, souvent, la route est plus agréable que le but, l'Espérance ne doit pas être maltraitée ; c'est une astucieuse nourrice de Gascogne, qui donne le sein aux illusions, les vivifie et les berce, mais qui, si on la tourmente, s'empresse de les livrer traîtreusement en pâture aux appétits voraces de la brutale réalité.

Le rendez-vous d'amour, c'est l'horizon rose de l'âme, l'oasis des rêves, le port béni vers lequel navigue la concupiscence, le phare du plaisir, la promesse de la possession. Il permet de calculer ses forces et de prendre son élan, il mûrit la passion et aiguillonne les sens, il calme et excite à la fois, c'est le haschisch de l'éréthisme nerveux.

Un premier rendez-vous d'amour, cela ravit et bouleverse! on n'en vit plus pour mieux en vivre; on provoque le temps en duel, on l'assassine en étranglant les heures, et l'attente de la joie produit une fièvre intermittente dont les pulsations inégales sont curieuses à constater.

Le rendez-vous est pour le soir. L'amoureux rentre au logis; il chante ou sifflotte, c'est un conquérant avant la lettre; il se dandine, porte fièrement la tête et n'a pas son semblable. La bonté l'envahit, il voit le monde en beau, il a pitié des malheureux et distribue l'aumône; il demanderait volontiers pardon à un chien sur la patte duquel il aurait marché.

Le voici chez lui, préparant tout et se préparant lui-même ; sur ce lit de repos il place un coussin ; sur la table il dispose des fleurs, des sucreries, des liqueurs, des livres qui serviront plus à la conversation qu'à la lecture ; il taquine le brasier, allume flambeaux et candélabres, il veille avec soin à ce que tous les objets soient coquets et gracieux.

Après un dernier coup d'œil sur cet intérieur qui va s'animer, il lance un regard de défi au disque de l'horloge, s'ajuste devant la glace, relève ses moustaches, donne un léger coup de main à ses cheveux, verse des parfums de tous côtés, contemple la blancheur de ses mains, le brillant de ses yeux, se sourit, tousse, fait jouer l'organe de sa voix et le dispose aux notes tendres ; puis, fier, satisfait, raffiné d'amour-propre, il s'affaisse sur un siége et épie l'effondrement des minutes dans l'éternité.

Il fume ou essaie de lire, mais l'œil se perd, se noie dans le vague, l'oreille suit le langage des secondes, le tic-tac mono-

tone du balancier qui bat à l'unisson du
cœur. Dans dix minutes, pense-t-il, elle sera
là, pauvre mignonne ! — Le voici rêveur,
les bougies brûlent, la solitude est acca-
blante, le vide se fait sentir en envelop-
pant et isolant l'esprit; le feu pétille dans
l'âtre, la chambre a une clarté qui réclame
un duo des lèvres et le charme des rires,
les sensations guettent, les désirs sont en
éveil, les aiguilles d'or marchent comme
des goutteux sur l'émail blafard du cadran.

Cinq minutes, cinq minutes encore!
soupire l'amoureux; elle vient à moi la
charmante !

L'imagination le transporte alors en
pleine rue ; il s'élance au-devant de sa
belle, il la voit dans un coin de voiture,
enfouie dans la blonde et les fourrures,
impatiente et curieuse. — Le vent souffle
au dehors, il a froid pour elle : « vite, vite,
mon adorée, venez, venez, songe-t-il, venez ça que je vous caresse, que je vous
réchauffe haleine contre haleine, venez
que je vous délace, que je fasse pleuvoir
des baisers sur les blancheurs de ce corps

merveilleux, venez que je baise et rebaise ce petit nez froid, cette bouche délicate et que je rende les roses à ces lèvres blêmies par les frimas. »

L'heure sonne; il tressaille, il revient au réel, mais déjà le timbre a fini de résonner, le dernier coup teinte longuement à ses oreilles, l'amour est en sentinelle prêt à porter les armes. Hélas! l'inquiétude commence; le doute arrive à pas lents, l'amoureux est aux aguets; le voilà écoutant le grand bruit lointain de Paris et le roulement des voitures qui ébranlent le pavé. Il se lève, marche hâtivement et ne peut s'empêcher de trembler; son cœur bat la charge mais voudrait battre *aux champs*, la solitude se fait plus vaste, la tristesse y étend ses voiles sombres, la pendule continue de balancer les secondes et les minutes avec l'effrayante régularité du temps. — « Viendra-t-elle? gémit-il; si je m'étais trompé? Oh! non, c'est impossible, je la verrai ce soir; elle viendra... » la voici !

Un pas se fait entendre, on dirait qu'il

effleure l'escalier; ce pas gravit lentement avec un petit bruit de bottine qui crie; il monte, il monte toujours, il approche, il passe, il s'éloigne, il s'affaiblit dans les hauteurs d'un sixième étage.

Mon Dieu! ce n'est pas elle!

Le pauvre patient ne tient plus en place, les angoisses étreignent sa poitrine, sa gorge se serre, ses tempes sautent, il ne sait plus que devenir. Il essaie de lire, son esprit n'a plus de guide, sa raison s'est envolée; il se met à la fenêtre, consulte le ciel, regarde l'angle de la rue : les voitures défilent majestueusement, elles apportaient l'espoir, elles enlèvent l'illusion, quelle torture! — La jalousie et son hideux cortége entrent en scène; les suppositions, les pressentiments, les colères, les doutes se heurtent et ravagent sa conscience; le temps, implacable, marche toujours; sa faux d'acier n'est plus emmaillotée par les chaudes délices de l'amour.

Comme il est ballotté, le pauvre amoureux, sur cet océan de ses rêves, en vue de ce cap de Bonne-Espérance! — L'espoir, comme un phare tournant, brille au loin, s'anime, disparaît, se ranime et disparaît de nouveau. L'espoir berce sa douleur et sa douleur se nourrit d'espoir. Une telle souffrance ne saurait durer ; l'attente de la joie brise le cœur. L'homme ne sait pas attendre ; il n'a pas, comme la femme, la maternité pour école.

Un coupé s'arrête à la porte ; c'est elle ! Éloignez-vous, noirs et lugubres sentiments ! le plaisir s'achète lorsqu'il ne se vend pas. — C'est elle ! le rouge bonheur arrive pour enivrer, c'est mieux qu'un Roi ; l'exactitude n'est point sa politesse, il a toutes les grâces, toutes les majestés pour inviter au pardon.—C'est elle ! L'amoureux a tout oublié, son cœur saute et bondit, son esprit est en fête. — La porte s'ouvre, c'est elle ! Les sens ont failli attendre, mais comme ils vont se rattraper ! La solitude enveloppe cet égoïsme à deux, les heures chantent maintenant, les souhaits sont accomplis, bientôt les désirs seront satisfaits ; on n'entend plus que des baisers qui meurent sur des lèvres, on ne voit plus que des lèvres qui revivent sous des baisers; le feu s'est éteint dans l'âtre et s'est allumé dans les cœurs. Ils sont là, les amoureux, serrés étroitement, embrassés, enlacés; l'attente a sanctifié l'amour. Qu'ils sont heureux! Les veilleuses déjà ont remplacé les candélabres ardents. — « Badinez, dit Pétrone, badinez, mais gardez-vous d'éteindre les veilleuses; elles auront oublié demain ce qu'elles auront vu cette nuit. »

BRIC-A-BRAC DU SENTIMENT
PETIT ESCADRON D'IDÉES

Quem græci dixere chaos.

I

C'EST peut-être abuser de la métaphore, mais sans métaphores le style serait paralytique, gâteux, plat et monstrueusement fade.

Mon cœur ressemble en plus d'un point à ces vastes appartements de province où le salon majestueux, noble et de haut goût n'est presque jamais habité. Les ribaudes de toutes classes, les belles gouges, les pleines chemisées de chair fraîche, comme les nommait Rabelais, se sont souvent roulées, vautrées, prostituées aux alentours ; d'adorables damoiselles en ont quelquefois entre-bâillé la porte, mais le tabernacle est resté vierge, silencieux, froid comme une salle d'arme où veille le souvenir. Le foyer n'y a pas de cendres chaudes ou refroidies ; aucune femme, hélas ! n'y a jeté la torche de la passion ; le feu n'attend qu'une étincelle , l'étincelle ne vient pas.

C'est que mon cœur reste fermé aux profanes comme ces sombres oratoires où l'on aime à se recueillir et à pleurer ses fautes, ses erreurs, ses tristesses après avoir sacrifié à la fangeuse société; c'est que là, dans ce temple mystique, j'ai logé mon idéal, ma madone chimérique, la maîtresse radieuse de mon imagination, auprès de laquelle je viens m'agenouiller tristement, lorsque mon amour s'est sali les ailes.

Chaque jour, je dépose sur le piédestal de ma Divinité une perle détachée du chapelet de mes illusions ; chaque jour, nouveau Pygmalion, j'ajoute une perfection à ce marbre sublime ; chaque jour aussi, j'éloigne le rêve du possible en subti-

lisant son essence céleste. J'amoncelle
sur ce socle les trésors de mon être, le
meilleur de mon *moi* pensant, les richesses d'un amour qui voudrait éclater
et incendier la maison, mais je cherche
en vain dans la vie l'étincelant sosie de
mon rouge idéal, aussi blasé que Diogène cherchant cyniquement un homme
avec sa lanterne. — C'est une Vénus de
Milo, qui me fournira les bras ?

Ah ! si jamais ma beauté rêvée s'animait,
devenait palpable, alors je voudrais mourir,
j'aimerais à me tordre dans l'existence,
dans cette seconde de l'éternité, comme
un éclair de bonheur ou un rire large et
puissant, je voudrais sur son sein m'éteindre
comme un spasme sans y songer, dans
une dernière crise de volupté qui passe !

II

Elle est venue, la pauvre petite, elle est
venue comme j'allais sortir, elle est venue
malgré ma lettre brutale et ironique, mé-
chante et cinglante comme un coup de

fouet, elle est venue aussi souriante, aussi gaie, aussi résignée, me tendant sa jolie main gantée de gris perle. Puis, à peine assise, j'ai remarqué sa pâleur, la diaphanéité de son teint, ses grands yeux battus et cernés, ses traits amaigris et ce long regard triste de chien couchant qui vient mourir près de son maître.

Alors, touché, ému, les larmes aux yeux, le cœur oppressé, j'ai quitté mon gros air grondeur, ma mine froide et cavalière et, me jetant à ses genoux, nous nous sommes regardés longtemps dedans les yeux, nous fondant l'un dans l'autre, ne semblant exprimer que cette pensée : fous que nous sommes, notre amour pouvait-il si vite s'envoler?

Elle tournait ses yeux morts dans leur orbite et me regardait avec ces rayons visuels étranges de la femme malade, ces regards vagues, ternes, qui semblent à peine vous fixer; ses bras tombaient inertes le long du grand fauteuil ancien, quelques larmes coulaient silencieusement sur sa pâleur de cire, elle n'avait même plus la force de m'embrasser, et pendant un instant le tableau de Mimi mourante s'est présenté devant moi.

Pauvres filles! Elles ne songent même pas à se soigner, le mot de médecin les crispe et les énerve; elles éprouvent ce vide de la femme de plaisir qui n'a jamais envisagé la maladie et qui ne veut même pas lutter avec elle ni la regarder en face.

Ma petite mignonne semblait indifférente à la vie; l'amour est la plus belle page de ce livre qu'elle a feuilleté sans savoir lire; elle sait cette page par cœur, elle veut la réciter encore; sans quoi, elle attendrait la mort avec une insouciance de philosophie naturelle. — Frêles créatures, qu'on méprise, il y a tant de bon quelquefois dans votre âme !

III

Bien malheureux sont les hommes qui n'ont jamais été trompés ! ils ne connaissent point et ne peuvent comprendre la satanique beauté, le charme particulier, le nonchaloir d'impudeur déhanchée, la lubricité poignante qui se trouvent réunis dans une femme coupable, dans un corps profané comme dans une coupe empoisonnée qui attire.

La maîtresse follement aimée qui nous revient, à notre connaissance, avec la souillure des hideux baisers du dehors ; cette créature encore flétrie par les récents plaisirs du concubinage étranger et les stigmates de sa luxure, cette maîtresse infidèle porte dans son allure une ignominie, une mollesse malsaine, un je ne sais quoi crapuleux qui ravage les sens, contamine l'imagination, lubrifie les désirs et les excite aux plus basses jouissances et aux plus méprisantes lâchetés.

Par le silence même et la muette crânerie où elle clandestine sa faute, l'infidèle acquiert, aux yeux de sa passive victime, une indépendance de sensations, un abandon de maintien, une sorte de cynisme naturel qui font rager son cœur, fomenter sa sève en bouleversant son tempérament.

Il se dégage d'une telle femelle maculée comme une âcre odeur de fange qui monte au cerveau et incite l'homme, ce pourceau d'Épicure, à se vautrer dans la dépravation de ce qu'il aime, tandis que cette dépravation même le pousse à l'outrance exagérée des plus farouches voluptés.

En trompant son amant, une maîtresse donne à celui-ci la conscience de l'étendue et de la force de son amour; c'est une foudroyante pierre de touche que l'infidélité! — On ne prise jamais mieux l'amour à sa juste valeur que lorsqu'il est trompé, de même qu'on ne peut connaître la solidité réelle d'une maison qu'en y portant la pioche du démolisseur. L'inconstance n'est rien, l'infidélité est tout; l'une tisonne le feu, l'autre provoque son incandescence; on peut être inconstant par nature, on ne saurait être infidèle que par perfidie.

L'infidélité de la femme est utile à l'homme lorsqu'il en souffre; s'il en pleure, il est sauvé ; les pleurs trempent un homme *qui est homme* comme l'eau trempe l'acier *qui est fort*. L'infidélité pimente l'amour

qui s'affadit dans le *pot-au-feu* de la vie
sédentaire, sans elle la passion devient anémique et meurt fatalement, bêtement
comme une lampe qui s'éteint à force de
brûler toujours de même ; le cœur se
nourrit d'inquiétudes, de doutes et de
chimères rôties. — Un lac sans orages
n'est plus qu'un étang qui croupit. —
L'assurance d'être heureux tue le bonheur.

Quel frémissement, quelle crise de passion folle, éperdue, étrange, quel spasme
superbe et énergique viennent accompa-
gner une réconciliation d'amoureux après
le péché de la fille d'Ève ! — Un amant
trompé n'a pas comme un mari la coiffure
du ridicule ; il chasse la femme s'il est
par trop sentimental ou bien lave l'injure
par la répétition de l'acte qui a causé l'injure même ; il réoccupe la place qu'un autre
ou que d'autres ont su prendre, avec tout
le militarisme de la passion ; il sait balayer,
anéantir par ses caresses jusqu'au souvenir
des caresses de la veille, et, si son amour-
propre est atteint, il se venge par la fougue brûlante de son amour. — La logique

n'est-elle pas là ? Il reste le mépris, dira-t-on ? certes oui, mais le mépris fait partie si intégrante du bagage de l'âme humaine qu'il faut s'habituer au mépris ne serait-ce que pour le mépriser.

IV

Une jeune Dame, plus riche en beauté qu'en rimes — il ne faut demander aux femmes ni rime ni raison — a laissé tomber cette bagatelle sur ma table. C'est une meringue à la crème fouettée ou à fouetter. Glissez, mortels, n'appuyez pas.

> *Sans l'amour, qu'est-ce que la vie ?*
> *C'est un dîner sans cure-dents,*
> *C'est cinq actes de tragédie*
> *Sans poignard, songe et confidents.*
>
> *C'est un printemps privé de roses,*
> *Une drôlesse sans corset,*
> *La plus ridicule des choses*
> *Suivant Lamartine et Musset.*
>
> *C'est un opéra sans musique,*
> *Un ouvrage qui fait bâiller,*
> *C'est une lanterne magique*
> *Qu'on a négligé d'éclairer.*

V

La littérature par métier, quelle horrible chose ! — Secouer la torpeur, le bien-être, la douce somnolence d'un cerveau lazzarone pour lui faire suer quelques pages à temps voulu, fi donc ! — Réveiller une imagination qui paresse et qui rêve, c'est déranger un gourmet qui digère ; il faudrait n'avoir aucun respect de soi-même pour oser ainsi se profaner.

En rentrant, un bon feu était allumé, ma lampe m'envoyait les doux reflets de sa lumière calme et sur la cheminée de hautes bougies brûlaient ; j'étais heureux *a giorno*. Je me donnais une petite fête intime et je pensais au milieu de cette splendeur accoucher de quelque idée neuve ou lumineuse. Point, j'ai l'imagination Turque, croyante et libertine, mais aussi apathique que possible pour dicter ses sensations. Les niais nomment cela de la stérilité : faut-il compter avec les niais, qui peuplent les cinq sixièmes du monde ?

Me voici donc paressant humainement, couché à terre et feuilletant les pages amoureuses de mon brouillon de cœur. Il est si simple de s'abandonner au souvenir ! il est si aisé de laisser s'envoler ses idées dans la fumée d'un narghilé sans les rattraper sottement une à une pour les fixer sur le papier ! — Rêver c'est mieux que vivre, c'est jouir de soi, c'est bercer l'existence et oublier les sottises de la vie active. Après le rêve le meilleur est l'amour, et faire l'amour c'est encore rêver. La réalité est froide comme une citerne, sombre comme un cachot, droite comme une muraille ; la regarder c'est s'attrister.

Rêvons donc, aimons toujours, mais sans écrire nos rêves ni alambiquer nos amours ; ce serait plonger le thermomètre dans notre cœur pour en noter les degrés ; les rêves se dissiperaient, le cœur se refroidirait, car la Raison dérangerait le tout. Qu'elle aille au diable, la bégueule ! les rêves ne sont pas sous sa tutelle, l'imagination cohabite rarement avec elle.

VI

Il y a quelque chose du laquais chez la femme ; j'entends du valet de pied, de l'introducteur, de l'huissier. Est-on froid, hautain, impérieux, méprisant avec un laquais, il devient souple, obséquieux, prévenant ; est-on, par contre, doux, timide, gracieux, bénévole, aussitôt le faquin se redresse et devient arrogant et fier comme un omnibus au complet. — De même qu'en médecine, *contraria contrariis curantur*. — Chez les femmes du domaine de la galanterie, c'est-à-dire chez la plupart des femmes, il est facile de remarquer la même versatilité de caractère suivant les mêmes procédés ; fuyez Vénus, elle devient Putiphar ; courrez après elle, c'est Lucrèce qu'on trouve. C'est que la femme comme le laquais est faite pour être subjuguée, conduite, dominée ; c'est que, devant elle, il faut toujours conserver la pose de l'archange terrassant le démon. On ne doit pas frapper doucement à la porte d'un cœur féminin, sous peine de n'y rencontrer personne ; il faut briser cette porte et entrer éperonné par l'amour, comme Louis XIV entrant au Parlement. Notre civilisation ennuyeuse et ennuyée, sous prétexte de politesse et de raffinement, a fait de la femme une Déesse et l'a juchée stupidement sur un piedestal, au pied duquel tous les anémiques du sentiment, tous les hypertrophiques du cœur viennent s'aplatir bassement. Triples sots ! Au bon temps jadis, la femme n'avait point de socles, le Dieu des jardins seul en avait un et toutes les filles d'Ève venaient y apporter des fleurs comme à la virile expression des générations futures.

Les Orientaux, ces bien pensants et ces mauvais croyants, sont infiniment plus sages, ils méprisent notre idolâtrie féminine et placent leurs compagnes dans la condition d'infériorité qui est la leur. Ils esclavent leurs épouses et les verrouillent ; ce sont des lions qui se défient des renards et les enferment. Par Mahomet ! qu'ils ont raison !

Hélas ! dans notre beau pays de France,

où Rabelais et Montaigne n'ont fait que
passer, dans cette nation autrefois gran-
diosement chevaleresque, le cervelet humain s'est affaibli ; un amoureux brûlant
se jette, se rue dans l'amour sans en connaître la tactique, sans seulement prendre
des armes défensives. Il est fait prisonnier,
le malheureux, sans même s'en douter ! il
se donne et se rend à discrétion, et les
femmes sont tellement blasées sur ces
captures de cœurs tendres, elles ragent si
fort de n'être point fouettées, domptées
par un Hercule solide et cambré dans sa
fierté qu'elles meurtrissent ces petites passions d'agnelets et se tordent frénétiquement sur leurs victimes impuissantes et
molles avec un effrayant mépris.

Se trouvera-t-il jamais un écrivain assez
martial, assez osé pour composer l'admira-
ble *Tactique du Cœur* que nous réclamons.
Il y a bien cette rouée que l'on nomme
l'Expérience, mais l'Expérience envoie toujours au feu et ne panse jamais les blessures
qu'elle cause ; on fait mille sottises pour posséder ses faveurs, on croit les avoir acquises,

mais on se trompe sans cesse. L'Expérience est femme, c'est une raison pour ne pas s'y fier !

VII

Comme on les regrette, comme on les caresse par le souvenir, comme on les idéalise, les *femmes que l'on manque*! Hélas ! la vie est plus forte, il faut bien les manquer sous peine d'en mourir !

Dans les grandes artères de la ville où le sang d'une population circule, on les frôle, on les contemple, on les boit de désirs, mais elles passent gaiement avec un regard rempli de promesses et de provocations. On sent une femme qu'on peut avoir, par une sorte de fluide, un courant plus que sympathique qui est presque déjà une prise en possession ; on s'arrête un instant, le quart d'une seconde, on hésite, et sur le point de sacrifier au Dieu Hasard on fuit, emporté dans le tourbillon des affaires du jour. Plus tard, dans les longues flâneries du *far-niente*, on se repent ; la séduisante image d'une fillette entrevue revient à la pensée, on se ronge, on se dévore, mais il n'est plus temps : les *femmes qu'on manque* ne se retrouvent plus ; il faudrait avoir les mains pleines des cheveux de l'Occasion pour songer à les rencontrer de nouveau.

Dans un milieu comme Paris, l'amour est un guet-apens continuel ; la tentation se montre au coin des rues, elle semble jaillir des pavés, elle roule en voiture, marche à pied, se montre aux fenêtres ; elle est tour à tour bouquetière, femme du monde, modiste, caissière, bourgeoise, plébéienne ou noble ; ainsi, environné d'adorables créatures, un homme à tempérament perd la raison et en vient à penser avec humiliation qu'il n'a par malheur qu'une âme et surtout qu'un seul corps, ce qui est bien peu pour les ineffables beautés qu'il entrevoit.

Pour tout esprit qui vibre, aimer une femme n'est rien; on n'aime pas une rose, on aime les roses ; les respirer c'est quelque chose, les cueillir c'est tout. Parmi les raretés de ce merveilleux parterre, dans

cette enivrante collection de minois pana-
chés, de roses thé, de roses jaunes, de roses
capucines, il est agréable de butiner comme
une abeille et de greffer comme un horticulteur. Chacun fait son bouquet avec plus
ou moins d'art, les uns sont à la recherche
de la rose bleue — c'est l'idéal parce qu'elle
n'existe pas — les autres, plus sages, cueil-
lent une *variété en tous genres*. Que de roses
abandonnées avec l'espérance de les retrouver le lendemain, tandis que le lendemain la place est vide !

Il en est des libertins comme des hydro-
piques, dit Ovide, plus ils boivent, plus
ils sont altérés.

N'est-il pas des moments frénétiques et
passionnés où un célibataire, horticulteur
de femmes, voudrait être l'unique jardinier
des plates-bandes parisiennes, après avoir
monopolisé pour lui seul tous les sécateurs
du genre humain. Quel rêve puissant !
c'est une grouillante orgie de pensées qui
fermentent, lorsque l'on considère la mul-
titude de fleurs délicates qu'il faut abandonner aux goujats de toutes sortes qui

les plantent simplement et vaniteusement
à leur boutonnière, comme si ces fleurs
étaient faites pour cela.

Comme on les regrette, comme on les
caresse par le souvenir, comme on les
idéalise, les *femmes que l'on manque* !
Hélas ! la vie est plus forte, il faut bien les
manquer sous peine d'en mourir.

VIII

Au risque de blesser plus d'une belle
Dame, disons le franchement : l'amour est
le sentiment le plus égoïste dans l'égoïsme
humain. Toutes les sensations, tous les
actes qui dépendent de l'amour sont dictés
par l'idée du Moi. Mais le dévouement,
dira-t-on ? le dévouement n'est que la reconnaissance ou l'espérance de l'égoïsme,
souvent les deux à la fois. En amour on
caresse, comme un chat, pour être caressé
soi-même et ceux qui paraissent les plus
désintéressés ne sont que des hypocrites
sentimentaux. On aime jusqu'à en souffrir
parce qu'aimer jusqu'à en souffrir est une

sorte de jouissance singulière qui est agréable et berceuse comme une griserie.

Un homme est seul, il s'ennuie : par égoïsme, il s'adonne au mariage ou au concubinage. Il tombe amoureux, la belle malice ! pur égoïsme. On aime générale-ment pour être payé de retour ; la pensée seule d'être payé de retour est une pensée vaniteuse, et la vanité est l'épouse de l'égoïsme. Concluez.

Tous nos organes jouissent d'une acti-vité fébrile en amour, toutes nos sensations sont doublées ; on allume sa vie par les deux bouts, on fouette son amour propre avec la queue de son orgueil. Dans la pos-session d'une maîtresse, dans la philoso-phie de la passion heureuse, on ne doit pas s'écrier que c'est de *l'égoïsme à deux*, mais bien deux égoïsmes absolument distincts qui se soudent très provisoirement.

N'essayons donc pas de trouver dans l'amour un sentiment plus noble et plus élevé que les autres, mais voyons seule-ment en lui un sentiment plus vigoureux en même temps que plus faible. Regardons le corollaire de l'amour et songeons que les caresses humaines ne sont que trop bornées. Une femme, disait Denis Caron, aime beaucoup plus un homme pour le plaisir qu'il lui procure que pour le bien qu'il lui fait. N'est-ce pas cruellement juste ?

IX

Maintes fois, j'ai souhaité dans mes rêves la possession de ce qu'une fée promet à la Princesse Parizarde, dans un très ancien recueil de contes anglais, à savoir : *l'arbre qui chante, l'eau d'or qui danse et l'oiseau qui dit tout*.

Sur un mot, sur un ordre, d'après le moindre signe, *l'arbre* mélodieux se prend à chanter une romance langoureuse ou gaie avec une perfection, un brio, une grâce caressante qui berce, ou un *allegro* qui fouette l'ennui.

L'eau d'or est cette eau de Jouvence qui conserve fraîcheur, jeunesse et beauté aux jolies femmes. A peine en a-t-on versé quelques gouttes sur un corps féminin que l'eau miraculeuse glisse, court, se promène sur toutes les formes en dansant; elle baigne, parfume, rafraîchit et purifie, et, si je ne me trompe, reconstitue un trésor de virginité que nos aïeux comparaient au phénix — à cette différence près que les prémices ne renaissent pas de leurs cendres. —. *L'eau d'or qui danse* fait éprouver aux nymphes qui l'emploient des sensations voluptueuses, des plaisirs inédits, des frissons à nuls autres pareils.

L'oiseau qui dit tout est un aimable babillard qui répète les *on dit*, c'est un *phonographe* mystérieux qui donne réponse à tout, c'est un oracle que l'on consulte et qui ne ment jamais; par lui on sait ce qui se passe mieux que par les gazettes, il a même l'esprit de ne point être spirituel, il amuse toujours et, dit-on, ne lasse pas.

Ah! si je possédais *l'arbre qui chante*, *l'eau d'or qui danse* et *l'oiseau qui dit tout,* je voudrais vivre bien loin, bien loin du monde, dans un Eldorado qui serait un Éden, dans un pays désert, au milieu d'un troupeau de jolies femmes qu'arroserait *l'eau d'or qui danse;* tandis qu'étendu sous *l'arbre qui chante*, charmé, ravi, heureux, j'oublierais les vérités, les récits mondains, les amusants bavardages de *l'oiseau qui dit tout.*

Ah ! si je possédais, *l'arbre qui chante, l'eau d'or qui danse et l'oiseau qui dit tout !*

X

Que n'a-t-on pas dit sur la jalousie ! On a écrit sur ce sujet bien des sottises et exposé quelques vérités ; abandonnons celles-là et occupons-nous de celles-ci :

« On croit, disait le spirituel Duclos, que la jalousie marque beaucoup d'amour ; mais l'expérience prouve que l'amour le plus violent est ordinairement le moins soupçonneux ; la jalousie ne prouve qu'un amour faible, un sot orgueil, le sentiment forcé de son peu de mérite, et quelquefois un mauvais cœur ; l'amour chez les hommes ne vit que d'amour-propre. Il n'y a que des jaloux d'orgueil. »

Est-ce assez profond ?

Labruyère, dans un sens analogue, pensait que le tempérament a beaucoup de part à la jalousie et qu'elle ne suppose pas toujours une grande passion. « C'est cependant un paradoxe, ajoute-t-il, qu'un violent amour sans délicatesse ». Larochefoucauld dans ses *Réflexions* en arrive au même point : « On ne devrait pas être jaloux, écrit-il, quand on a sujet de l'être. »

Le Père Du Boscq ne conçoit pas qu'on soit jaloux, les médiocres esprits seuls le sont, les excellents sont au-deçà. « Ceux-ci en ignorent les occasions et les autres les surmontent. Autrement ceux qui s'affligent pour un malheur où il n'y a point d'autre remède que la patience, ceux-là entretiennent l'erreur au monde, et ont la lune entière dans la tête quand ils pensent n'en avoir que la moitié sur le front. »

Molière, dans une de ses pièces, précise simplement : L'amour des jaloux, dit-il, est fait comme la haine. En deux mots ici la vérité est mise.

Il est certain que la jalousie est un mal haineux, terrible, implacable, qui est loin de procéder d'un excès d'amour et qui tient plus à l'esprit qu'au cœur. La jalousie est une aveugle cruelle qui tâtonne avec ses griffes dans la nuit du doute et de l'incertitude ; elle torture l'objet de ses suppositions et n'est jamais satisfaite ; c'est un chancre qui détruit l'amour en le salissant. Un jaloux donne à sa maîtresse l'idée de mordre au fruit défendu, car montrer de la défiance à une femme c'est l'exciter à la réalité du soupçon. Tout jaloux sera trompé et doit l'être, c'est fatal et logique, tandis que l'indifférent — ce qui ne veut pas dire le naïf ou le confiant — aura chance d'échapper à la loi qu'on nomme commune et qui n'est que vulgaire. Il n'y a point de lettres d'État pour les affaires de l'amour, écrivait un penseur, les rivaux font toujours leurs poursuites, et si un jaloux se tire d'affaire devant les hommes, nous le tenons cocu devant Dieu. N'est-ce pas le chevalier de Boufflers qui signa ce joli quatrain ?

L'amour, par ses douceurs et ses fureurs étranges,
Offre aux amants le ciel et l'enfer tour à tour :
La jalousie est la sœur de l'amour,
Comme le diable est le frère des anges.

N'oublions pas que si l'homme se donne toujours, la femme ne fait que se prêter. Que l'homme se prête seulement, la femme se donnera peut-être, par esprit de contradiction. Être jaloux c'est s'avilir aux yeux de l'amour, et l'amour ne pardonne jamais à la virilité qui s'avilit, car la virilité c'est le fouet de l'amour, mais ce fouet ne doit pas être tenu par Croquemitaine. Don Juan était-il jaloux? Allons donc! Il laissait cette faiblesse à ses victimes.

XI

Singulière journée que celle qui suit la rupture amoureuse d'une liaison qui a eu le temps de prendre racine.

Le matin, on est heureux comme Hercule après avoir nettoyé les écuries d'Augias ; la chaîne nouvellement rompue paraît légère et l'on éprouve comme un sentiment de bien-être, d'apaisement, de quiétude; on se retrouve, on soupire d'un air satisfait, on chante, on rêve de nouvelles conquêtes, et la maîtresse de la veille endosse les fautes, les erreurs, les ennuis, les paresses, les embarras qu'on a pu éprouver pendant son *association* avec elle. L'avenir apparaît avec son auréole de projets enchanteurs ; on se félicite : Le travail va revenir frapper à la porte, l'indépendance règnera au cœur, l'inconstance au cerveau. Quel horizon !

Durant le jour, on se promène, on court, on porte la bonne nouvelle aux amis qui vous congratulent, se réjouissent et vous accaparent; on fête cette libération à table et ailleurs; l'activité fustige et ne permet pas de penser, le rire étourdit le souvenir, tout est pour le mieux dans le moins poétique des mondes.

Le soir, le crépuscule de la tristesse descend peu à peu au cœur ; l'habitude profite lâchement des ténèbres pour reprendre ses droits. On se retrouve solitairement au logis, dans un manteau d'isolement qui fait froid. Le passé se montre avec son arsenal de joies trompeuses, les beaux moments du temps jadis défilent dans le souvenir, le changement de vie est trop apparent, l'âme est tyrannisée par l'habitude du *compagnonnage*.

Malgré soi, on attend, comme si *elle* devait revenir ; on regarde sans courage ce lit encore tiède de ses langueurs, ces petits riens qui lui étaient familiers, ce livre entr'ouvert qu'hier elle feuilletait, ces fleurs qui meurent sur une cheminée qu'elle se plaisait à orner à son retour, ces jolies choses brodées par ses mains délicates et roses ; partout on retrouve sa trace comme un parfum qui va s'évaporer.

On souffre d'une douleur sourde et somnolente, d'une torpeur vague, d'une oppression terrible ; un piano qui jouerait en cet instant une romance en mineure de Chopin ou de Mendelssohn ferait fondre en larmes. N. i ni, c'est fini pourtant, le bail est rompu, la femme est partie, l'homme se redresse dans son intégrité et sa liberté, mais il est lâche devant le vide. On se met à la fenêtre, non pas pour humer l'air et se rafraîchir mais pour entendre ce bruissement prolongé qui meurt au loin dans ce grand Paris éclairé où l'on songe qu'elle se meut, qu'elle vit, qu'elle regrette ou qu'elle oublie. Anxiété terrible que rien ne peut éteindre.

La section d'un amour sincère saigne longtemps, alors que l'amour est mort ; la blessure se fige et se cicatrise lentement et l'habitude, cette servante maîtresse, nous conduit comme un chien ; on croit pouvoir la braver le jour, elle se venge la nuit avec sa toute-puissance en nous plongeant dans une obscurité d'alarmes sottes et cruelles. L'oubli n'avance qu'à pas lents, en arrière-garde du temps ; la mémoire des jouissances passées est vivace et imposante, l'amoureux qui a cessé de l'être poétise et pleure son amour défunt. Pourquoi faut-il que les amoureux soient poètes, trop poètes, et pourquoi ne peuvent-ils pas à l'exemple de l'Éphore de Sparte couper deux cordes de leur lyre ?

XII

Un rival de Mathurin Régnier, un maître du XVIᵉ siècle, une victime de ce pédant

Boileau, un sieur Motin, inconnu du plus grand nombre et même des lettrés, a laissé des *Stances à une femme mariée*, qui constituent un des chefs-d'œuvre de notre ancienne poésie. Bien souvent nous les avons lues, ces stances, et toujours avec un enthousiasme croissant. Aujourd'hui nous les relisons, et, ma foi, le bibliographe et le chercheur reparaissent si bien en nous, que nous les rééditons en partie, peut-être pour la première fois, dans ce siècle hâtif qui digère tout à l'eau de Saint-Galmier.

Soudain que j'eus l'honneur de vostre cognoissance
Si lors j'eusse de vous ma demande obtenu,
C'eust été recognoistre un amant inconnu
Et sans avoir servi me donner récompense.

Mais depuis vous ayant ma longue servitude
Fait juger mon amour et ma fidélité,
Me refuser, hélas ! c'est trop de cruauté
Et ne me l'accorder, c'est trop d'ingratitude.

Vous m'avouez souvent que vostre humeur vous porte
A me vouloir du bien, si vous étiez à vous ;
Mais que la foi promise à vostre cher époux,
Du paradis d'amour me fait fermer la porte.

Quoi! doutez-vous qu'il soit au sacré mariage
Tacitement permis de se faire un amy ?
Un époux, croyez moy, n'est cocu qu'à demy,
Quand un amy discret cause son cocuage.

Aimer gens inconnus, c'est par trop d'imprudence,
Et d'en aimer plusieurs, trop de lubricité :
N'en aimer point du tout, trop de simplicité,
Et n'en aimer qu'un seul, beaucoup de continence.

L'on ne peut s'exempter de l'amoureuse flame ;
Le cœur cherche l'amour, comme l'œil fait le jour,
Celles qu'on n'aime point, ou qui n'ont point d'amour
Sont des corps sans beauté ou des beautés sans âme :

Mais il faut en amour faire choix d'un bon maistre,
Et qui sçache planter des cornes bien à point
Qu'un fin mary les porte, et ne les sente point
Et que les yeux d'autruy ne les puisse cognoistre,

De la discrétion qui dépasse les bornes,
Et qui, faisant beaucoup, ne parle que bien peu,
Car bien souvent la femme enseigne où est le feu,
Le coup fait le cocu et le bruit fait les cornes.

Arrière les humeurs arrogantes et vaines,
Qui font peu de cocus et beaucoup de jaloux :
Il faut qu'un amant soit fin, patient et doux,
Modeste en ses faveurs et muet en ses peines,

Qu'il sçache tellement former sa contenance,
Composer ses regards et régler ses discours,
Qu'on ne puisse juger où tendent ses amours.
Nul n'est digne d'aimer qui n'a ceste prudence.

Souvent de n'aimer pas une dame est contrainte,
Surtout quand les amants sont volages et fous ;
Car la femme a le cœur et les yeux comme nous,
Et n'a pas moins d'amour mais elle a plus de crainte.

. . . .

Non, il n'est point de femme à l'amour si contraire,
Qui n'en ait quelquefois l'effet ou le désir,
Mais puisqu'en désirant l'on pèche sans plaisir
Que sert de désirer, et que nuit de le faire.

Puisque le seul désir envers Dieu fait l'offense
Et que le seul effet cause la volupté
De punir les désirs, c'est à Dieu cruauté
Ou folie aux humains d'aimer sans jouissance.

Ce qui fait que la femme en désirs est féconde
Et qu'à peine souvent aux effets elle vient
C'est que pour désirer, seule elle s'entretient,
Et que pour effectuer il faut qu'on la seconde.

Mais souvent le vainqueur publie la victoire,
Ou va de prise en prise, ainsi que le veneur ;
Puis la femme d'aimer n'en a que de l'honneur,
Et l'homme d'estre aimé n'en a que de la gloire.

La plupart des amants ne faillent leur poursuite,
Que par trop peu d'amour ou trop de vanité ;
Ou bien, en possédant quelque jeune beauté,
Engagent leur honneur par faute de conduite.

Les uns sans jugement, d'une faiblesse étrange,
Délaissent leur poursuite ou s'y font consumer,
Et les autres sans foy, cessans de bien aimer,
Après avoir joui, soudain courent au change

. . . .

Il faut qu'une beauté, de longtemps assaillie,
Aime celuy qu'elle a recognu de tout point,
Car si l'on faut d'aimer et ne cognoistre point,
Cognoistre et n'aimer pas, seroit-ce pas folie?

Le mariage n'est qu'un prétexte aux plus fines,
Pour éconduire ceux qui leur sont odieux.
Car puisqu'Amour est Dieu, et le maistre des Dieux,
Il n'est sujet aux lois humaines ni divines.

Vous, belle, objet divin de mes amours fidelles,
La vie de ma vie et le cœur de mon cœur,
Qui ostez à l'amour le titre de vainqueur,
Et à toutes beautés la gloire d'estre belles,

En qui tout est parfait, et rien n'est à redire,
Dont l'on ne peut assez le mérite admirer,
Dont la rare beauté ne se peut comparer,
Qui donnez aux humains plus à penser qu'à dire,

Vous à qui nuit et jour ma pensée s'eslève,
A qui seule je rends, d'un zèle tout de feu,
Et mes vœux pour hommage, et mon cœur pour aveu,
Qui, comme un fief d'Amour, de vos beautés relève.

Moi qui ne plains jamais que par trop de silence,
Qui ne suis malheureux que par trop de respect,
Qui n'ay devant les yeux que vostre seul aspect,
Et n'entretiens mon mal que par trop de constance.

. . . .

Quand le point, que tomber entre mes bras je voye
Vostre corps affaibli du feu de vos désirs
Et vos beaux yeux se fondre en cent mille plaisirs,
Tout en regards de flame et en larmes de joye?

Verrai-je point le temps paravant que je meure,
Qu'en aimant, tous ennuis loin de vous soient chassés,
Fors un juste regret de mes tourmens passés,
Et de ne m'avoir pas aimé de meilleure heure.

En sorte que, durant le cours de nostre vie,
Nous puissions, vous et moi, égaux d'affection,
Guider sous le silence et la discrétion,
Nos amours sans soupçon, et nostre heur sans envie.

Voilà qui est parler à une femme, dans un langage superbe et vigoureux, sans faiblesses, sans larmes, sans mièvrerie.

Dans ce merveilleux XVIe siècle empanaché, la langue française n'était pas encore, comme l'appelait Voltaire, « une gueuse fière à qui il faut faire l'aumône malgré elle. » Le langage était libre, franc du collier, sans ridicules pudeurs ; on démaillotait crânement ses désirs, on ne s'abritait pas derrière le sentiment. L'esprit était de bonne cuvée et la verve s'épanchait sans fadeurs ni *puritanisme* (un mot imbécile inventé depuis). Le style était gaillard et cependant le cœur était plus chaste et plus noble qu'à aucune autre époque. Aujourd'hui, si l'on vient à parler dans un certain monde des poésies amoureuses du xvie siècle, on s'écrie dédaigneusement de toutes parts : « Ce sont des *priapées !* » Des *priapées ?* certes, mais les vers d'amour doivent-ils logiquement être autre chose que des *priapées ?* Dire à une femme qu'on l'aime c'est commettre une *priapée,* car le but de l'amour est essentiellement priapique et vouloir nuager le corollaire est une sottise. Les priapées sont moins corruptrices que ces poésies chlorotiques confites dans l'amertume jusqu'à l'écœurement où la phraséologie sentimentale et pommadée ne cache qu'une anémie gourmée et une *tartufferie* semée d'équivoques malsaines.

La plupart de nos poètes modernes ne sont que des *bas-bleus* du Parnasse ; les Muses ne semblent les avoir nourris que d'eau sucrée teintée d'absinthe. On pourrait croire, à les entendre, qu'ils ne possèdent ni vigueur d'imagination, ni muscles, ni poitrine, ni plexus, ni tout ce qu'on peut penser. Ils enjuponnent Apollon et font la dînette avec les Parnassides, ils oublient que la grivoiserie est originaire du terroir français ; leurs œuvres sont les urnes funéraires de leurs amours trépassées sur lesquelles ils pleurent sans cesse et se lamentent comme les Héraclites de la passion.

L'infidélité, l'absence, la froideur, la cruauté de leurs amantes, tels sont les thèmes peu variés sur lesquels s'évertuent nos malheureux poètes. — Des *priapées*, ils n'en peuvent point faire, il faut pour cela comprendre Priape et ils l'ignorent à moitié, si ce n'est tout à fait. La poésie moderne, c'est de la poésie Lesbienne s'il en fût, on ne doit donc pas s'étonner si de telles productions ne trouvent pas de chalands. Les femmes ne lisent plus ces vers mielleux, cela les affadit et les énerve sans les exciter ; pour les hommes, ils passent devant ces bluettes en souriant comme des fumeurs auxquels on offrirait des cigarettes de camphre.

La virilité — nous ne pouvons le nier
— fait peur à notre époque qui a grand
besoin d'aphrodisiaques à petites doses. Il
y a tout au plus maintenant en France,
dix ou quinze écrivains virils, et encore
ne donnent-ils pas la valeur entière de
leur note puissante ; ils se dérobent, ils
craignent, ils n'avancent que lentement
et n'osent exprimer hardiment ce qu'ils
pensent. L'enseigne de notre siècle littéraire pourrait être : *Bégueulisme et obscénité
clandestine.* Qu'on veuille bien se donner
la peine de peser et d'analyser ces mots,
on découvrira peut-être la véracité de
notre opinion. — Aujourd'hui, dans notre
littérature, Diderot serait mal à l'aise et
Bonaventure Desperriers périrait de tristesse et d'inanition.

Au XVIᵉ siècle, le sang de notre pays
circulait richement avec ses globules
rouges dans une société bien taillée et
large d'épaules. La périphrase ne se
montrait guère alors avec sa mine hypo-
crite et l'hyperbole orgueilleuse se gonflait
seule dans les discours ; les expressions

avaient une empreinte pleine de relief comme une monnaie nouvellement frappée ; la langue était forte, assaisonnée avec ce sel gaulois que nous avons laissé perdre par pruderie ou fondre sous la sentimentalité et les larmes ; l'esprit était mâle, le style était vivant ; la prose était disciplinée comme une magnifique armée en marche ; les poètes déshabillaient leurs maîtresses avec amour et habillaient leurs amours avec poésie.

On forgeait alors des ouvrages paisiblement, sérieusement, de même qu'on bâtissait de sublimes cathédrales, avec les durs moellons des mots solides et résistants ; on besognait opiniâtrément, on osait lancer le propos leste, le trait gaillard et le mot graveleux, et cependant l'auteur des *Essais* ne craignait pas de blâmer encore la prescription de certaines locutions sur lesquelles on mettait la feuille de vigne du sous-entendu : « Qu'a fait l'action génitale aux hommes, s'écriait Montaigne, cette action si naturelle, si nécessaire et si juste pour n'en oser parler sans vergongne et pour l'exclure des propos sérieux et réglez ? »

O bon Montaigne, ce qu'a fait l'action génitale aux hommes ? — c'est aux femmes qu'il faut le demander !

XIII

Un jeune homme à imagination ardente doit passer dans la légion des filles de joie, mais il ne peut et ne doit s'y arrêter.

« Toute victime de la débauche, disait Sébastien Mercier, est une froide prêtresse de Vénus. » Parler d'amour sincère à une prostituée c'est prostituer l'amour, c'est perdre son temps et ses paroles. Les basses couches galantes sont néanmoins utiles à la jeunesse, dans ce sens que la jeunesse y abandonne ses premières illusions ridicules et ses pudeurs mal placées; une fille ne façonne pas son amant, elle le dégrossit, elle lui tue sur le cœur tous ces insectes nuisibles du sentiment comme une guenon qui *pouille* un jeune singe. On ne paie jamais trop cher la destruction des microspores de l'âme.

Un jouvenceau donne la virginité de ses sensations à une drôlesse quelconque, laquelle le trompe et lui rend le plus signalé des services. Il en souffre, c'est naturel, mais à l'entrée de la vie il est urgent d'être trompé. Dans la carrière de l'amour, c'est perdre ses dents de lait et voir pousser sa dent de sagesse.

Plus tard, *émondé* sans être blasé, on abandonne les amours faciles pour prendre d'assaut les amours qui résistent. On n'a plus alors une maîtresse, on a des maîtresses. De même que Phydias formait ses Vénus de diverses beautés différentes copiées sur des hétaïres qui posaient devant lui, de même on place son cœur sur la beauté de plusieurs femmes, comme un capitaliste intelligent qui place ses fonds en différentes actions. Si le caprice de l'une baisse, la passion de l'autre empire, le cœur fait rarement faillite dans ces conditions.

On ne peut se livrer aux filles « folles de leur corps » (quel euphémisme!) que dans l'adolescence ou dans la vieillesse; si dans un moment d'égarement un homme vaillant se laisse aller à sacrifier sur un autel vénal, il en revient aussi malade qu'un gourmet qui aurait fait un mauvais dîner.

Oh ! les horribles petites drôlesses, avec cette odeur *sui generis* de femmes mal nourries, ces épaules maigres, ces jambes émaciées, cette peau jaunâtre ; elles portent comme un reflet bilieux de tous les dégoûts qu'elles ont traversés ! Oh ! les horribles petits cheveux de femme morte, ces petits cheveux coupés sur le front ! — Quel écœurement !

XIV

Une femme qui aime passionnément et qui est aimée de même se reconnaît de suite ; elle possède ce calme heureux, cette quiétude de satisfaction et de joie intime, qui rayonnent sur son visage ; elle impose par son amour même le respect le plus grand aux inconnus qui la regardent passer, baignée d'amour, au bras de son amant. Il y a dans son allure une fierté nonchalante, un accent d'abandon réservé pour lui seul, et dans son regard, une froideur, une indifférence, un dédain extrême pour tout ce qui n'est pas lui. Elle semble, en un mot, imperméable aux désirs qui gravitent autour d'elle, — si surtout elle est jeune et jolie. Elle vit dans la dévotion de sa passion, dans l'extase de son ivresse et dans l'ivresse de son extase; elle passe comme une communiante, les yeux fermés aux choses et aux personnes qui l'environnent.

Chez une femme, au contraire, qui s'est donnée par caprice, qui s'est livrée par ennui, qui a pris un amant comme on reçoit une pièce de monnaie sans en regarder l'effigie, on retrouve ce je ne sais quoi d'aventurier, de vicieux qui distribue l'espérance par le regard; chez cette femme qui considère sa liaison comme éphémère, qui, tout en possédant l'amant du jour, oublie celui de la veille et songe à celui du lendemain, on peut s'inscrire pour une audience, par la lubricité d'une œillade pleine de désirs.

Un amoureux peut être jaloux d'une

pareille maîtresse ; il la faudrait isoler dans
le tête-à-tête, car au dehors il sent instinc-
tivement que sa possession lui échappe,
s'évapore sur l'aile de nouveaux caprices,
et, s'il ne sait pas comprendre son rôle
d'intérimaire, abattre ses cartes et passer
volontairement la main, il sera minautorisé,
dupé, blessé, car les femmes comme les
Scythes nous battent en fuyant.

XV

Gardons nous bien de jamais nous
accointer avec ces frêles et jolies créatures,
pâles comme l'ambre, souples comme le
roseau, dont les grands yeux languissants
et amoureux séduisent l'âme et affinent
les sens. Au moindre souffle ces fleurs
délicates s'étiolent et se flétrissent.

Rien n'est plus triste qu'une amante
malade ; cette pauvrette qui est là, blêmie
et résignée, sur un oreiller de dentelles,
avec ce sourire caressant qui fait mal et
cette douceur d'ange attristante, nous affadit
dans notre mâleté, par une compassion

immense qui nous noie dans une énervation larmoyeuse.

Quand l'amour s'en va la pitié reste. La pitié a sa religion plus forte peut-être que celle de l'amour, elle est efféminatrice.

— L'amour incendie, la pitié inonde le cœur; c'est par elle que se soudent les plus longues liaisons et que quelquefois elles deviennent éternelles. L'amour conserve toujours sa force et ses armes; la pitié naît de la compassion et reste désarmée par la commisération; celui-là peut brusquement cesser d'être, celle-ci râle lentement et plus elle râle plus elle s'impose.

Quand la pitié se mêle à l'amour elle lui fait l'aumône; un amoureux fort de lui-même ne consentira jamais à accepter les faveurs d'une femme, s'il sait ne devoir ces faveurs qu'à sa pitié, mais une femme s'apercevra rarement qu'elle ne reçoit des caresses amoureuses que sous le couvert du même sentiment.

L'amant maupiteux est un bon serviteur aux ordres de sa maîtresse; il n'a plus d'autorité, il a commencé par avoir la

bonté, puis la pusillanimité et enfin la
lâcheté, c'est-à-dire la soumission; —
quand un homme se soumet, il est bien
près de s'aplatir; s'il s'aplatit, il est à deux
doigts de s'avilir. La pitié en amour vient
au monde loyalement, puis en grandissant
elle se fait parasite du sentiment et le
tyrannise; il faut plus encore s'en défier
que de l'amour, car elle conduit aux désil-
lusions et à l'amertume, comme les fleuves
conduisent à la mer.

N'ayez, dit un proverbe oriental, ni
chien maigre ni maîtresse étique; la compassion vous en rendrait esclave. L'amour
comme la beauté ne devrait avoir qu'une
forme et la pitié n'est que la contrefaçon
de l'amour charitable.

LE LIBERTINAGE

Serpent à tête d'ange, ô vice, je t'adore.

EMILE ROCHARD.

DIDEROT, qui comparait volontiers les libertins à des araignées qui attrapent quelquefois de jolis papillons, écrivit ce qui suit à leur sujet :

« Les libertins sont bien venus dans le monde, parce qu'ordinairement ils sont plus aimables que les autres, qu'ils ont plus d'esprit, plus de connaissance des hommes et du cœur humain. Les femmes les aiment parce qu'elles sont libertines. Je ne suis pas bien sûr que les femmes se déplaisent sincèrement avec ceux qui les font rougir. Il n'y a peut-être pas une honnête femme qui n'ait eu quelques moments où elle n'aurait pas été fâchée qu'on la brusquât — surtout après sa toilette. — Que lui fallait-il alors? un libertin. A tout hasard, une femme est bien aise de savoir que, si elle se résout, il y a un homme tout prêt qui ménagera sa vanité, son amour-propre, sa vertu prétendue, et qui se chargera de toutes les avances. C'est trop peu de violence même qu'on souhaite pour excuse. »

Ceci est, quoi qu'on en puisse dire, un éloge du libertin, lequel est mieux qu'un homme volage ou qu'un débauché. Notre société frappe d'anathème le libertinage sans vouloir le comprendre ou le raisonner; ce n'est pas une chose commune ni vulgaire cependant, et notre époque n'est aucunement menacée par lui.

Libertin n'est pas qui veut; on devient dépravé mais on naît libertin. Le libertinage d'amour c'est le *dilettantisme* d'un tempérament génial; on peut compter les libertins célèbres, ces admirablement doués, dont la vie mouvementée nous transporte d'enthousiasme. Il sont dix au plus par

siècle ; peut-être davantage avant la Révo-
lution, car alors on *sablait* l'existence, on
conduisait ses sens à grandes guides, on
allait de l'avant sans se retourner.

Au XVIIIe siècle le libertinage pouvait se
montrer au grand jour, il était admis, reçu,
fêté partout sans pruderie ni effarement ;
parlait-on de femmes sages, Crébillon fils
se hâtait de dire : « Les femmes qui ont la
réputation d'être honnêtes, chastes et
vertueuses ne le méritent pour la plupart
que parce qu'on ne leur a rien demandé
ou que l'on s'y est mal pris. » Les libertins
de cette époque se nommaient Richelieu
ou Restif de la Bretonne, Casanova ou
Desforges, l'Abbé de Bernis ou le Marquis
d'Argens, tous colosses pleins de sève,
sans compter les vicieux qui avaient noms
De Sade, La Popelinière et tous les fermiers généraux du royaume.

Un siècle de progrès scientifique comme
le nôtre n'aura jamais maille à partir avec
le libertinage. La science réglemente la
vie, la fouette et la brûle ; elle procure des
jouissances hâtives et suffisantes pour la

généralité, elle satisfait les désirs à fleur de peau, elle vulgarise le bien-être, répand la chaleur partout, mais détruit le raffinement des sensations que des nations moins policées que la nôtre possèdent toujours. Le libertinage n'est pas du ressort de la science, il tient plutôt à l'art égoïste, au culte artistique de soi-même. La volupté libertine n'est pas un abus, c'est un goût réfléchi du plaisir, c'est l'opposé de la débauche grossière, comme la gourmandise délicate est le contraire de la voracité et de la goinfrerie ; c'est un piment d'amour lentement broyé et élaboré, c'est la quintessence des délices humaines, c'est, pour tout dire, la dégustation pieuse des polissonneries vénériennes.

Le vrai sens de libertinage — si le sens des mots ne changeait pas aussi vite que le sens des hommes — devrait être abus des libertés. Aujourd'hui nous comprenons par libertinage d'amour « déréglement et intempérance corporelle » alors que nous devrions entendre seulement « délicatesse et délectabilité gustative du plaisir », variantes sur cette épinette de l'amour qui ne possède hélas ! qu'une octave.

Le libertinage, qui, comme étude de la volupté, a besoin du quiétisme de sa dépravation, est forcé, au milieu de notre civilisation, de se clandestiner et de s'égoïser le plus possible. On en fait de nos jours un épouvantail pour les esprits timorés ; c'est le spectre des familles, un spectre qui évoque l'orgie, les turpitudes lupanaresques et tout l'attirail de honte qui réside dans le cerveau des petites gens bornés. Cependant, à vrai dire, le libertinage est une distinction que ne peut s'accorder le premier venu, distinction qu'il est impossible d'acquérir et que les yeux des femmes seuls ont le droit d'apprécier.

Le corps humain est un cloaque ambulant qu'on sonde en vain à fond sans y découvrir la vertu, car pour devenir vertueux il faut pratiquer le vice, l'épurer, le raffiner, le faire progresser. Le vice fait l'enfanture de la sagesse et la sagesse serait niaise si elle était naturelle ; à quelle école aurait-elle pris ses inscriptions ? La nature nous a

pétris avec plus ou moins de vices, qu'il
faut user et semer sur le chemin de la vie ;
l'homme est trop faible pour dompter la
nature, disait Voltaire avec raison. — Saint
Augustin, le plus sage des docteurs de
l'Église, fut un libertin dans son adolescence
et le casuiste Sanchez, pour apaiser les cas
de conscience dans le sacrement du mariage
et inviter à la sagesse matrimoniale, en est
réduit, dans son épais volume, à soulever
l'obscénité et à remuer toutes les paillardises
inventées par la luxure aux abois.

L'homme seul dans la nature peut s'élever
jusqu'à la volupté, il doit y goûter, l'apprécier et en vivre. La volupté nous donne le
sentiment de notre existence et nous fait sentir davantage la vie sans nous y acoquiner.
« Renoncer aux plaisirs, s'écrie Charron,
dans sa *Sagesse,* c'est folie ; les régler c'est
le chef-d'œuvre de la sagesse : elle ne condamne pas les plaisirs, elle apprend à les
gouverner. Ceux qui font profession d'une
certaine piété, gens qu'on nomme dévots,
méprisent toute espèce de délassement et
tâchent de passer cette vie sans y goûter

aucun agrément. Non-seulement les récréa-
tions leur sont suspectes, mais encore les
nécessités que Dieu a assaisonnées de
plaisir sont pour eux des espèces de cor-
vées ; ils n'y viennent qu'à regret.

« Qu'on ne s'y trompe pas, c'est orgueil,
c'est faiblesse, c'est folie, c'est bigoterie,
c'est envie de se distinguer. Ils veulent être
des anges sur la terre ; ils n'ont que la
vanité de ceux qui furent précipités du ciel.
L'homme a un corps dont il est comptable ;
le maltraiter, le haïr, le tourmenter, c'est
une espèce de suicide, c'est contre nature,
c'est déplaire à Dieu. Une action n'est pas
vicieuse, parce qu'elle est naturelle. Dieu
a réuni la nécessité et le plaisir ; la nature
nous a donné des goûts voluptueux et veut
que ce goût s'y trouve avec la raison.
Ceux qui la fuient corrompent ses règles,
ils condamnent ce qu'elle a prescrit. »

Le libertinage tend à la perfectibilité du
plaisir, il ne songe qu'à élargir les bornes
étroites de nos sensations. Dans la matière
amoureuse, le libertinage est donc plus
utile à la société que la vertu proprement

dite, car la vertu c'est l'abstinence, l'inuti-
lité, le contre-sens de la nature, tandis que
le libertinage c'est la glorification viagériste
et friande de notre création faite de boue.

« Un peuple vertueux, selon l'auteur de
l'*Arétin moderne* (qui avait quelquefois la
raison du paradoxe), un peuple vertueux
aurait été inutile, il n'eût formé qu'un
peuple lâche, une race propre à figurer les
bras croisés dans les arbres comme Siméon
Stillite, à nourrir un cochon comme Saint
Antoine ou à se donner des coups de
pierre dans l'estomac comme un ancien
théologien qui prétendait que la nature
l'excitait à conserver son espèce. La vertu
qu'on oppose aux vices est une chimère
qui amuse les hommes ; les profondes têtes
de l'Aréopage ont cherché longtemps ce
qu'elle était. Désespérés de la connaître,
ils ont placé sur son autel ces mots : *Ignoto
Deo*. Le mot de vertu a passé par mille
générations, sans rendre nos devanciers ni
plus vertueux, ni plus savants. Brutus,
dans l'ancienne Rome, après avoir pro-
noncé ce mot souvent au Sénat, avoua

qu'elle n'était rien et se repentit de n'avoir embrassé que la nue d'Ixion. Salomon, le plus sage des rois selon les vieux livres, et le moins sage selon les modernes, prononça qu'elle n'était que vanité. Il voulut la suivre, il ne la trouva ni dans le temple magnifique qu'il avait fait bâtir ni dans les bras de ses maîtresses. »

Le libertinage a cela de bon qu'il étouffe la sentimentalité, laquelle sentimentalité nous tue lorsqu'elle ne tue pas le sentiment. Villeterque disait de son époque : « Le sentimentalisme est à la mode comme les cravates, on en a jusqu'aux oreilles. » Qu'est-ce donc depuis ? on en a jusqu'aux yeux, jusqu'au front. Gœthe, Musset, Lamartine et autres empoisonneurs d'âmes n'étaient pas libertins; aussi ont-ils été plus nuisibles à notre époque que des gaudriolistes inoffensifs comme Pigault-Lebrun, ou de bons compagnons comme Désaugiers et Béranger. Ce qui a égayé le xviiie siècle, sa petite littérature, ses tableaux et sa statuaire, c'est le libertinage; ce qui a terni le début de

ce siècle jusqu'à 1850 c'est la sentimentalité larmoyante, l'idéalisme pluvieux,
tous ces convois funèbres d'amours mal-
heureuses, ces élégies, cet abandon de soi-
même, ces nudités classiques et ennuyeuses
vues par le sentiment, ces statues rigides
et sévères, drapées dans les plis froids de
peplums mouillés, tout, jusqu'aux meubles
qui ont le sentiment de leur laideur.

Un libertin n'est pas sentimental; il vit
plus pour la galanterie que pour l'amour-
passion, ce qui tend à prouver qu'il pense
et qu'il est philosophe. Il doit avoir la
froideur de Machiavel et le sang-froid d'un
dandy. Au mépris de la femme il saura
joindre le mépris des obstacles qu'elle oppose à son inaltérable témérité.

Un libertin sérieux aura plutôt la volonté
de posséder que le désir de plaire et de
coqueter; il fera parade de sa discrétion, car
sa longue expérience des faiblesses féminines
lui aura fait apprécier de longue date le
bonheur dans le mystère et le mystère dans
le bonheur. La curiosité des sensations
nouvelles se tiendra sans cesse éveillée dans

son esprit et il ne comprendra jamais le plaisir sans ragoût ou le ragoût sans plaisir.

Tout libertin qui possède l'épicuréisme de la raison reste gourmet et ne devient jamais gourmand. Il vit des rentes de son astuce et de ses petits talents et ne mange jamais son capital à la table de l'amour, car il a le bon goût de toucher à peine au rôti et de se réserver pour l'entremets, si ce n'est pour le dessert. Il a calculé que les femmes à caprices sont des mangeuses d'hommes, quelquefois des buveuses d'enfants ; il pense que se laisser manger est une folie qu'il faut laisser aux maris, lesquels sont faits pour créer des veuves ; il amuse donc ces ogresses avec les plus subtiles bagatelles et ses badinages musards, il les endort, les énerve, les taquine encore plus qu'il ne les fatigue, il jette comme Orphée des gâteaux de miel dans la gueule de ces Cerbères et il entre dans les enfers plutôt que de frapper à la porte du paradis.

Il est permis de se demander ce que les femmes deviendraient si la morale parve-

nait à museler le libertinage. Elles péri-
raient de langueur et d'ennui et ouvriraient
à coup sûr une école de voluptés compa-
rées, mais elles feraient évidemment de très
mauvais élèves, car les libertins d'origine
posséderont toujours ce que les femmes
se garderaient bien de leur apprendre : la
fierté, l'art de blinder leur cœur contre
les attaques soudaines et la science de se
conserver, de se réserver, alors même qu'ils
paraissent entièrement se livrer.

UNE FEMME QUI SAUTE

Vana est sine viribus ira.

OICI comment, sur mes instances, mon ami Gérard me conta brièvement, ces jours derniers, la terrible aventure qui suit:

Tu as bien connu, n'est-il pas vrai, le capitaine Beauvisage, ce médaillé de Sainte-Hélène, grand, maigre, dont la figure couturée, balafrée comme celle de Guise, rappelait assez exactement la physionomie de ce héros des Contes Drôlatiques qui avait moult roulé en Palestine ? C'était un rude homme, bruni au feu, un guerrier d'un autre âge, qui n'avait pas laissé à la vieillesse le triste soin de démeubler sa

mâchoire, car, si je ne me trompe, durant
la guerre d'Espagne, le capitaine, alors
simple sergent, n'ayant plus de balles pour
charger sa carabine, par un mouvement
de sublime héroïsme que notre époque
taxerait de folie, s'arracha simplement les
molaires, une à une, pour en frapper les
ennemis. Beauvisage avait bien cinquante
ans lorsqu'il crut devoir se marier ; il ne
fut pas séduit, il était trop fier pour cela,
il séduisit une veuve romanesque, jeune et
délicieusement belle, qui aima par coup de
foudre cet homme robuste et droit comme
un chêne, que le tonnerre avait frappé
mais jamais abattu. Je ne m'arrêterai pas à
te parler des premiers beaux jours de ce
couple curieux, que le tout Paris mondain
put apercevoir en loge grillée au théâtre,
aussi bien qu'en landau au bois, mais je
puis t'assurer qu'il n'était aucunement
ridicule : lui, ce colosse, noir comme le
diable, avait encore fort bel air en tortillant
sa large moustache qui dissimulait la cavité
de sa bouche ; elle, rose comme une fleur
de pêcher, délicate comme une figure de

Reynolds et souple comme le saule, avait toutes les grâces de la nonchalance en s'appuyant au bras d'acier de son martial époux.

Cette fraîcheur du bonheur dura dix ans; si c'est un long bail aux yeux d'un philosophe logiquement sceptique, c'est une éternité pour une femme qui approche de la trentaine et qui veut profiter des derniers rayons de sa jeunesse pour mordre au fruit défendu et goûter d'une adolescence virile. La passion de Madame la capitaine s'éteignit donc lentement; — le feu est fait pour se consumer, et l'amour qui n'est qu'un feu demande à être tisonné sans cesse pour ne pas subitement tomber en cendres.

Beauvisage tisonna-t-il ? Je n'en sais rien; ce qui me donnerait à penser le contraire c'est qu'on devinait en lui un homme d'attaque et qu'il n'aimait pas la garnison; or, après avoir attaqué maintes et maintes fois une citadelle, il faut bien l'occuper et y établir garnison. — Le mariage c'est la garnison de l'amour, si la galanterie en est la petite guerre.

le capitaine devint plus rassis, sa femme se
montra moins ardente. De côté et d'autre on
commença à craindre le tête-à-tête; Madame
se révéla maîtresse de maison, Monsieur
découvrit un cercle militaire où il pouvait
parler du vieux temps, raconter ses cam-
pagnes et intéresser de nouveau, discuter
les intérêts de l'armée et faire sa partie de
whist. L'officier en retraite allait peu à peu
se faire enregistrer sur le livre du monde
comme mari retraité.

Je te narre succinctement les faits, pour-
suivit mon ami Gérard, je te pourrais bâtir
un roman, mais ce serait du temps et des
paroles mal employés. Je procède donc
par syllogisme et, après t'avoir exposé la
première partie, je vais t'apprendre bruta-
lement, ce qui ne t'étonnera pas (en temps
que seconde proposition), que Madame
Beauvisage prit un amant de vingt-cinq ans,
une manière de pianiste aux longs cheveux, aussi sentimental qu'une romance
en mineure, aussi bête qu'un piano sans
queue, aussi ennuyeux qu'une gamme
sans fin. La capitaine mit la pédale

forte sur ce cœur vibrant et passionné.

Le pianiste Marius, c'était son nom, se mit au diapason, fit entendre à son infante des déclarations brûlantes, plus nuancées qu'une sonate langoureuse, il commença un solo qui se fondit en accord parfait, on musiqua l'amour ; c'est en musique qu'on s'adora, et, dans ce concert adultérin, on passa vivement de la pointe d'orgue au nocturne, de l'accolade à la sérénade, du morceau d'étude à l'improvisation la plus effrénée dans l'affinité des sons.

Ce fut une longue gamme de plaisirs sans autres dissonnances que la crainte que nos amants exécutèrent à l'unisson et avec fioritures sur ce clavier d'amour. Dès le début on fut timide, on sut éviter la basse profonde et terrible du mari, on se chuchota *mezza voce* les douceurs de l'*amoroso*, on dissimula à ravir en sourdine ; tout allait pour le mieux, mais en musique comme en toute autre chose il n'y a rien de plus audacieux, de plus inconséquent que les timides, ils bravent la prudence et violent volontiers sa fille, la sécurité.

Marius et sa complice, tout d'abord tremblants, se familiarisèrent avec la crainte et crurent pouvoir secouer son joug; on joua des barcarolles et des ballades à la lune, c'était maladroit et imprudent, mais le pianiste qui devait périr par ce qu'il n'avait pas inventé, montrant qu'il n'était pas castrat, se prit à donner vaniteusement l'ut de poitrine de son amour à la face du ciel et mit soudain l'Univers dans sa confidence.

Le capitaine Beauvisage ne tarda pas à voir clair sur la partition de sa femme ; ce n'était pas un homme à faire du scandale, mais plutôt à causer un scandale. Il était un soldat d'action dont jamais la parole ne servait la colère; s'il jura, ce fut entre cuir et chair; il n'y parut pas et ne souffla mot.

Le bruit public avait éveillé ses soupçons, il se remit dans son ménage à l'affût de la réalité. Il n'y avait en lui rien qui révélât un mari jaloux, il ne pouvait y avoir qu'un époux offensé, car il ne regardait pas l'amour par ses petits côtés, ses mesquineries et ses ridicules; il n'avait que le culte de son honneur altier et intègre et la pensée seule que son honorabilité pût être atteinte dans sa femme ou plutôt dans son nom le faisait se cambrer avec une majesté superbe.

Au milieu de sa vie aventureuse, Beau-visage avait souvent campé et décampé dans le pays de la passion. Il avait eu des maîtresses et, par conséquent, avait été trompé. Lorsque ces petits inconvénients lui étaient arrivés, il en avait ri en haussant les épaules s'il se trouvait alors de belle humeur, ou bien dans le cas contraire il avait tué, en les sabrant impitoyablement, ses rivaux avec la désinvolture d'un buveur qui massacre les mouches tombées dans son vin.

Dans la légitimité de son association, avec le despotisme d'un lion il considérait une perfidie féminine comme la plus déloyale flétrissure qu'un homme pût subir. En se mariant, il avait froidement calculé que son héroïsme passé ne le mettait pas à l'abri des lâchetés du mariage et qu'il pourrait porter des cornes, lui qui n'avait

jamais souffert l'ombre d'une insulte ou
d'une allusion. C'était un sage que le
capitaine, car, si en montant à bord de la
frégate Hyménée il avait songé aux avaries,
aux tempêtes, aux grains et aux vents debout, il s'était mis en mesure de cacher
dans les soutes les projets les mieux
établis pour purger sa vindicative fierté.

Après dix ans de bonheur, il avait
radoubé son amour avec l'estime et il
estimait sa femme presque autant qu'il
l'avait aimée ; aussi, lorsqu'il vit chanceler
cette estime sous le poids de ses soupçons,
il éprouva en pleine poitrine comme la
commotion d'une balle explosible qui se
crevait en fiel au dedans de lui-même. Il
répugnait à sa droiture militaire de sur-
veiller son épouse, de se faire l'espion de
son honneur, de guetter la vie de sa vie,
et, lui qui n'avait jamais tremblé devant
l'ennemi, il frémissait devant l'inconnu.
Lorsqu'il eût acquis l'assurance de son
désastre, qu'il eût compris dans toute sa
hideur cette remarquable pensée de Cham-
fort : « *L'adultère est une faillite, à cette*

différence que c'est celui à qui l'on fait banqueroute qui est déshonoré », il se contint et arma sa vengeance, l'organisa, la mûrit comme un plan de bataille avec un raffinement de conscience qu'attisait sa douleur.

Les deux amoureux criminels se donnaient rendez-vous à la campagne, dans une de ces petites maisonnettes à un étage, qu'on nomme familièrement *vide-bouteilles*, dans une situation d'opéra-comique, au milieu d'un petit bois désert.

Elle arrivait toujours haletante, épanouie par le bonheur attendu, inquiète comme si on l'eût poursuivie et cependant rieuse et folle dans la joie de son escapade; *lui*, l'accompagnateur, il attendait fiévreusement son adorable prima-dona et lorsqu'ils se trouvaient réunis dans l'immense félicité de Roméo et de Juliette, ils oubliaient tout, même le fantôme balafré du mari.

Depuis six mois, l'amour habitait cette chaumière avec eux. Ils y passaient des après-midi, quelquefois des soirées, c'était un petit nid capitonné d'adorations et de voluptés, éloigné des voies ferrées, presque aux faubourgs de la ville et cependant isolé comme une oasis mystérieuse. Quand ils franchissaient le seuil de cette demeure, ils laissaient l'ennui, les inquiétudes, voire en plus le sentiment de la réalité à la porte. Marius, ce virtuose de talent, orchestrait les entr'actes du plaisir avec une langueur, une rêverie, un balancé de tête si séduisants que les entr'actes étaient courts et fréquents. Madame Beauvisage chantait; sa jolie voix de contralto allait se briser contre les parois de la pièce trop petite pour contenir l'expression de son bonheur; elle s'arrêtait par instants pour couvrir de baisers la tête de son amant; on commençait bien des chansons devant le piano, mais on les finissait plus souvent derrière les rideaux de cretonne de l'alcôve.

La vigilance du capitaine découvrit cette retraite, et dès lors sa vengeance fut arrêtée, terrible et implacable. Il était de race à faire bien les choses et à ne rien épargner pour qu'elle fût complète; il répudia l'arme blanche comme étant trop loyale,

le revolver comme procédé vulgaire; il
voulut foudroyer, anéantir, selon la loi de
Lynch, de même qu'il avait été foudroyé,
anéanti dans sa tranquilité conjugale. Il
prit paisiblement ses précautions, buvant
lentement ses souffrances et dégustant
sa honte pour mieux affermir ses repré-
sailles; il eut une clef de la villa d'amour,
surprit une lettre de rendez-vous : c'était
tout ce qu'il lui fallait. — L'expiation allait
s'accomplir.

Beauvisage devança furtivement l'heure
de l'assignation à la maisonnette. Il y
arriva un peu plus pâle que d'habitude,
mais droit, ferme, puissant, résolu, dans
ses soixante ans; à peine regarda-t-il cette
chambre, témoin de son déshonneur; si
une larme brilla à son œil, elle fut vivement
absorbée par la chaleur de ses joues. Il vit
l'alcôve, cela le ragaillardit dans sa rancune,
et sans plus hésiter il se baissa, se glissa
sous le *corpus delicti*, sous ce lit qui, pour
lui, était encore une offense, puis, étendu
sur le dos, suffocant presque, avec son
poignard il éventra la paillasse, dans un

mouvement de rage aussi vif que s'il eût éventré son rival. Dans cette plaie d'étoupes il enfouit près de quatre kilogrammes de poudre à canon, ficelée en paquets, et amorçant un pistolet il attendit froidement, inflexible comme le bras du Destin, aussi stoïque qu'un héros qui veut s'enterrer sous des ruines plutôt que de supporter la cuisson de son déshonneur.

Les amants parurent ; le capitaine les vit s'embrasser, se caresser, se cajoler comme deux tourtereaux ; un moment, il eut pitié de cette jeunesse, lui qui n'était pas encore un barbon, mais lorsque un à un les habits de sa femme tombèrent, quand il sentit sous la pression de cette délicieuse créature, sous ce corps adoré, le lit osciller et crier sur sa tête, lorsque le pianiste s'y fut couché à son tour et que le matelas de plus en plus s'effondrait sur son front avec des saccades accélérées et folles, lorsqu'enfin il entendit des râles d'amour, des expressions de joie idéale, des soupirs enfiévrés de jouissances, des entrelas de baiser, alors il fit feu sans hésiter, comme s'il eût voulu se brûler la cervelle pour ne plus voir ni entendre.

L'explosion fut effroyable, la maisonnette craqua et fut détruite à moitié, le lit sauta en l'air et retomba en pièces avec les membres noircis, carbonisés, horriblement déchiquetés des deux adultères, et, chose étonnante, les deux têtes de Marius et de sa maîtresse, détachées du tronc, semblaient soudées ensemble et avaient conservé une empreinte de volupté infinie par delà le trépas, comme si elles eussent voulu narguer la vengeance impuissante d'un mari qui, en punissant la faute, n'avait pu en étouffer la cause, c'est-à-dire l'amour même.

Au milieu de ce carnage, le capitaine Beauvisage, se releva sanglant, brûlé, contusionné, le visage ravagé, marbré de plaies et d'ecchymoses, mais intact de tous membres. La mort avait respecté une fois de plus ce vieux et robuste guerrier qui l'avait tant de fois bravée. Le chagrin et peut-être le remords, ce supplice chinois, devaient l'assassiner lentement à coups

d'épingles et lui accorder une survie de
dix années.

Je me suis souvent demandé, conclut
mon ami Gérard, en terminant ce récit
débité à fond de train comme une charge
de cavalerie, si la vengeance du capitaine
n'était pas idéalement douce et délicieuse
dans sa cruauté apparente. Mourir en
s'adorant, dans l'ivresse des sensations
intimes, mourir en pleine vitalité, ravi
d'extase, dans un spasme, n'est-ce pas une
destinée sublime et digne d'envie? n'est-ce
pas, comme l'a dit un ravissant poète,
« emporter avec soi toutes ses illusions,
s'ensevelir comme un Roi d'Orient avec
ses pierreries et ses trésors, avec toute la
fortune humaine? »

CUPIDONIANA

DIVERSITÉS GALANTES SUR LES FEMMES ET L'AMOUR

Ab hoc et ab hac.

Un homme de bon sens se garde bien de prendre une maîtresse légitime, c'est-à-dire attitrée ; — il y a tant d'imbéciles qui en auront pour lui.

❦

Il y a des femmes sur le retour prétentieuses et à prétentions qui ressemblent en tous points à d'infâmes cabotines que la province a gâtées.

❦

L'impudence d'une femme excite l'a-
mour-propre; son impudeur fait naître les
désirs, son impudicité ravage les sens.

La beauté conspire contre la vertu que
la laideur protége.

L'argent est le nerf de la guerre —
on voit bien que Mars entretient Vénus.

Les désirs et les passions, selon Des-
portes, sont les pieds de l'âme.

Est-ce assez méprisant ?

Pasiphaé qui avait un Roi pour époux
s'éprit follement d'un taureau. Que les
temps sont changés ! Aujourd'hui les tau-
reaux sont les maris qu'on minautorise;
les amants sont les Rois.

Lorsqu'on y songe bien, l'amour n'est peut être qu'un agréable... ou désagréable mensonge.

❦

Je conçois trois façons de comprendre la beauté ; en dégustateur, en consommateur,... en ivrogne.

❦

L'amour est-il fort ? l'amoureux est faible ; est-il faible ? l'amoureux est puissant. On n'a jamais songé à comparer l'amour à une balance, ce n'est que cela pourtant ; la moindre chose la fait pencher, et, pour s'élever dans l'estime de sa maîtresse, l'amant doit charger le plateau où il se place du plus lourd mépris.

❦

Singulier vœu que le vœu de chasteté ! c'est une injure, une provocation à la nature et au bon sens.

❦

Je mettrais plutôt l'Europe d'accord que deux femmes, disait Louis XIV; le bon grand Monarque songeait-il alors aux mœurs de Sapho qui ravagent l'Orient et l'Occident et qui placent singulièrement les femmes de concert entre elles ?

***

L'habileté, c'est de changer en dettes les faveurs qu'on exige de sa maîtresse.

***

On désire une femme, c'est un caprice; on la souhaite, cela peut être une passion.

***

Le mot célibataire ne dérive-t-il pas logiquement de *cœlum habitare ?*

***

Dans Sodome on trouva sept justes, à Paris trouverait-on sept femmes sages ?

***

En amour, la parole cherche à habiller les désirs, tandis que l'audace de l'action parvient à déshabiller la parole.

***

Prenez l'amour d'une femme pour enclume ; plus vous le frapperez plus il sera brillant et fort : *Crebro pulsata nitescit*.

***

Il y a des virginités qui se réparent comme les cerceaux du cirque ; tous les soirs on les crève, pour les refaire et les *recrever* le lendemain.

***

Le platonisme, quel paradoxe d'amour ! Dans les âges de la galanterie, disait Ninon, c'est la passion de la vieillesse.

***

Le respect fait peur à l'amour, comme le pédant fait peur à l'écolier.

***

N'a-t-on pas remarqué combien les femmes laides qui pleurent sont touchantes !

Dans une rencontre, dire une seule fois à une femme qu'elle est belle c'est le lui faire répéter par le diable ou son miroir dix fois dans le même jour.

Quelle jolie chose que l'euphémisme ! une maîtresse vous dit tous les mois qu'elle a ou qu'elle doit avoir la migraine; on comprend cette métaphore qui est le cache-nez de la nature.

Il est rare qu'une femme nous guérisse des femmes, mais il est assez fréquent de voir les femmes nous guérir d'une femme.

Selon un adage français du xviᵉ siècle,

le cerveau de la femme est fait de crême de singe et de fromage de renard. Nous connaissons des cerveaux féminins moins compliqués : une houppette de poudre de riz dans une boîte crânienne : c'est la coquette.

❧

Il existe un art d'aimer et un art de se faire aimer, — ce qui n'est point la même chose; — il faut avoir appris le premier à ses dépens pour être susceptible de mettre froidement le second en pratique.

❧

Ah! si les hommes pouvaient savoir combien les femmes sont..... femmes, comme ils seraient plus audacieux dans l'attaque, moins réservés en désirs, plus libres en paroles et moins bêtes en actions! Il n'y a que les confesseurs qui puissent se douter de l'effroyable perversité de la femme, et encore s'en doutent-ils ?

❧

Une jeune fille : une rose entr'ouverte, une rose ouverte et diamantée dans la fraîcheur du matin ! *Une fille,* un liseron fané qui gravit sur tout le monde !

Que de Samsons ont perdu leur chevelure dans des amours faciles ! Que de Dalilas dont les ciseaux sont d'Hydrargyre.

Une femme qu'on a dû avoir est souvent plus aimable qu'une femme qu'on a eue.

On dit que les absents ont tort. En amour cela dépend : les qualités ont raison, les défauts ont tort.

L'œil d'un homme est terriblement myope lorsqu'il regarde un cœur de femme.

Un louis de perdu, une maîtresse trou-
vée; un louis de prêté, un ami perdu.

❧

On a beaucoup admiré autrefois ce vers
du Tasse où Olinde, amant de Sophronie,
exprime ainsi modestement la grandeur de
sa passion :

Brama assai, poco spera, nulla chiede,
Il désire beaucoup, il espère peu, il ne demande rien.

Est-ce assez orgueilleux, assez sottement
contre nature ? — Toute notre littérature
romancière et maussade du début de ce
siècle se trouve dans ces paroles.

❧

Il faut être bien habile pour distinguer
une femme qui se livre d'une femme qui
se donne.

❧

Si l'hypocrisie et le sentiment ne far-
daient pas l'amour, deux amants ne pour-

raient se regarder sans rire , comme les augures antiques.

Il y a des femmes qui ont trop d'amoureux pour avoir un amant, tandis que d'autres ont trop d'amants pour avoir un amoureux.

Je ne sais trop si l'on n'a pas dit : « Une prude ne sait de quel côté se livrer ? »

La virilité de l'âme exclut le sentimentalisme qui en est parasite. Un homme mélancolique ou sentimental, c'est un chlorotique de l'âme, un anémique du cœur. — Il doit prendre chaque jour, matin et soir, les pilules reconstituantes de Montaigne, l'élixir du docteur Rabelais, voire les panacées des Pères de l'Eglise, s'il est assez fortement constitué.

Pour certaines gens à cervelle banale et vaniteuse le bruit de l'or tinte le bonheur, de même que pour d'autres le frou-frou d'une riche toilette de femme chante l'amour. — Sots et impuissants !

Il faut tricher en amour si l'on veut gagner la partie, ou bien jouer comptant sa virilité et abattre les cartes au moment favorable, mais en se gardant prudemment de jamais trop éclairer avec le cœur.

Bien malin, bien fort et bien extravagant celui qui apprendra aux femmes à raisonner avec autre chose que le sentiment.

Il n'y a peut-être que les femmes franchement méchantes qui soient cordialement bonnes.

L'imagination est le boute-en-train de

l'amour, c'est la caissière du plaisir ; l'esprit fait l'agio, les sens touchent les dividendes. Si l'imagination faisait banqueroute, les plaisirs crèveraient de misère, de tristesse et de honte.

Dans les tendres conversations, il se glisse des lieux communs d'amour qui pirouettent comme des clowns avec l'assurance de retomber sur leurs pieds. Il n'y a que les sots qui les lancent ; les autres cherchent la virginité de l'expression pour cacher la souillure du cynique désir.

Les femmes enfantent les vices, cela ne leur coûte rien ; les hommes les nourrissent, cela les ruine.

Il n'y a pas moyen, pensait sagement Aristophane, de vivre avec ces coquines ni sans ces coquines.

Pour être réellement aimé d'une femme il faut avoir été le premier à faire parler ses sens.

Les filles sont des saintes, elles exaucent les vœux de tout le monde.

Y a-t-il des séducteurs ou des hommes séduits? Grave question à étudier. — Qui sait si Don Juan n'était pas une victime de la femme et des femmes.

Si une maîtresse vous accable de caresses, de petits soins, de cajoleries et de prévenances, soyez assuré qu'elle est inconstante de la veille ou qu'elle sera infidèle le lendemain.

Je me souviendrai longtemps de cette burlesque inscription sur une porte d'immeuble : Sonnez deux fois pour la sage-femme et trois fois pour celles qui ne le sont pas. — Pauvre sonnette ! Pauvre concierge !

❧

La fatuité chez l'homme, c'est l'outrance de l'amour-propre vaniteux et coquet; c'est une faiblesse de petit maître qui n'a point de muscles. La fatuité est le masque rouge de la pâle impuissance; elle se turgit en apparence pour dissimuler son manque de turgescence, mais elle vit de régime dans l'intimité. Un libertin ne devient fat que lorsqu'il s'effémine et se délicate. Adonis, c'est le fat; Hercule, c'est l'homme. Les fats sont les Gascons de l'amour.

❧

Il y a une nuance bien marquée entre une femme qu'on accoste et une femme qu'on aborde.

❧

A certaines femmes on dit : « *Je vous*

aime, » moins pour le leur faire croire que pour s'en convaincre soi-même.

La vertu véritable résiste moins au plaisir qu'au remords : Lucrèce, la chaste matrone, ne se tua qu'après coup.

Pensée d'un gourmet libertin : les filles ont cela de commun avec le perdreau que, même (si ce n'est surtout) faisandées, elles se paient fort cher.

Il faut tout demander aux femmes, de peur qu'elles n'accordent à d'autres des caresses que vous n'avez pas osé le premier réclamer d'elles. Les plus audacieusement pervers sont les plus tendrement adorés.

L'Histoire Sainte a sa morale. Il est

bien rare lorsque la femme se montre *Putiphar* qu'un homme d'imagination ne devienne pas *Joseph*.

※

Certaines dames maigres et bien vêtues, prétentieuses et sottes, ressemblent à d'affreuses brochures bien reliées.

※

Donner à une femme qu'on attaque le temps de faire des cérémonies, c'est perdre l'occasion de lancer dans son cœur les forces régulières de l'amour.

※

La meilleure façon de ne pas souffrir de l'inconstance de sa maîtresse, c'est de la prévenir par ses propres infidélités.

※

Se plaire à donner de l'amour et s'étudier à n'en point prendre, voilà la théorie de la femme galante. Il n'y a que la froi-

deur et le mépris qui puissent en déjouer
la hideuse pratique.

Ne pas satisfaire la passion d'une femme
c'est souffler sur le feu, la satisfaire c'est
l'éteindre. La possession tue le rêve lorsque
le rêve dans sa puissance cérébrale n'en-
gourdit pas les sens en retardant la possession. La sorcière qui jadis nouait l'aiguil-
lette n'est autre que l'imagination, qui
souvent prend pour elle tous les sucs
vitaux de l'âme et du corps.

Heureux ceux qui, comme Grimod de
la Reynière, ont le cœur au-dessous du
nombril et qui pensent avec sincérité, qu'il
est beaucoup plus aisé de trouver une
femme sensible qu'un gigot tendre.

Les femmes ont l'ingratitude des sens,
si elles ont le dévouement du cœur. C'est

qu'une femme ne fait que de se prêter, alors qu'un homme se livre en se semant; l'un donne, l'autre reçoit. En faut-il davantage pour prouver l'infériorité des femmes, ces Danaïdes mendiantes d'amour qui vont sans cesse puiser, sans fatigue, à la source de vie ?

Férez les chiens, dit un vieux proverbe, les femmes viennent. — Est-ce assez gaulois, assez cynique, assez vrai ?

La plastique, c'est la langue artistique de l'œil.

Il y a la passion debout et la passion assise, celle qui pose sa candidature et celle qui est validée. La première est infiniment supérieure à l'autre.

Un jeune homme, pour se former, doit

voyager dans les milieux galants et traîner
son cœur comme un sac de nuit dans les
diverses hôtelleries de l'amour, au risque
de se le faire voler ; cela s'appelle connaître
du pays.

❦

Il n'est pas rare de rencontrer dans le
monde des créatures belles comme un
chant de Dante ; on les parcourt du regard,
on récite de l'œil, au passage, quelques
lignes de leurs beautés, puis on se retire
sans avoir envie de couper le feuillet ou
de mettre un signet.

❦

Une jolie femme constante à son amour
est avare de sa beauté : c'est un meurtre ;
le *beau* mieux que l'or est fait pour la circulation, il s'escompte à vue ou se négocie
dans les mains du bonheur.

❦

Le plaisir est héritier du désir dont la

jouissance est l'*exécuteur* testamentaire ; —
les caresses sont usufruitières.

L'amour, c'est l'unique objectif des
femmes, si ce n'est la maternité ou la
maternaillerie. Le but de l'homme est plus
étendu ; aussi, en galopant dans la vie,
doit-il mettre l'amour en croupe et non
devant lui ; le coquin l'aveuglerait.

Lorsqu'une femme donne audience au
bon Dieu dans son cœur, elle fait attendre
le diable à la porte de ses sens.

Les femmes passionnées sont des réchauds
pour les cœurs froids et les tempéraments
blonds et fades. Un homme sanguin qui a
conscience de sa virilité préférera toujours
les femmes froides, ces poêles à dessus de
marbre qu'il s'agit de chauffer et qui dé-
gagent, au bon moment, plus de calorique

que les autres, sans brûler ridiculement hors de saison.

❧

Nos voisins semblent oublier bien souvent, à l'égard de nos maîtresses, que ce n'est pas *le beau qui plaît* en amour mais au contraire que *c'est ce qui plaît qui est beau.*

❧

Quelques hommes se font aimer à fleur de peau par des bataillons de femmes, tandis que d'autres se plantent dans un cœur pour n'en plus jamais sortir ; ceux là ignorent l'amour, ceux-ci sont seuls dignes de le comprendre.

❧

Les petites passions sont des feux de coke qu'il faut arroser pour parvenir à les consumer.

❧

Il y a des maîtresses pour l'usage externe ; elles parfument et amusent ; les aimer, ce serait sottise : on éprouverait d'aussi atroces douleurs que si l'on avait la fantaisie d'avaler ridiculement un flacon entier d'eau de Cologne.

Les femmes insensibles à l'amour viril,— s'il y en a, — passent dans la vie, sans goût, sans jouissances actives, avec le mépris des hommes et le bandeau de l'indifférence sur les yeux ; prennent-elles un amant ? elles semblent lui donner avec dédain quelques lambeaux de cœur froidement détachés d'elles-mêmes comme on jetterait un peu de mou à son chat familier.

Si les jeunes médecins sont si fort estimés de leurs jeunes clientes, c'est qu'ils songent plutôt à donner des nouvelles de leur santé qu'à s'informer de l'état de leurs malades.

Les Don Quichotte amoureux d'idéal

qui passent leur vie à rompre des lances
pour une Dulcinée mystérieuse me rap-
pellent l'aventure de ce cavalier italien qui,
après s'être heureusement battu plus de
cinquante fois en duel, pour soutenir la
supériorité de Dante sur tous les autres
poètes de son époque, reçut enfin un coup
d'épée mortel; avant d'expirer pour son
poète favori, il avoua ne l'avoir jamais lu.

On appelle les femmes la plus belle
moitié du genre humain: la plus belle, soit!
mais non pas la plus noble — la plus nulle
assurément. Dans l'arithmétique humaine,
les femmes sont des zéros, les hommes
sont les nombres qui les font valoir.

Les femmes comme les nations les
plus prudes sont les plus corrompues; une
fille peut être chaste dans sa dépravation,
une prude ne l'est jamais sous sa bigoterie.
Lorsqu'une prude se met à aimer, elle
accorde ses faveurs en bloc, les petites et

les grandes ; elle fait la liquidation de ses
désirs et donne tout au rabais, sans se
faire prier et dans la crainte de manquer
l'occasion.

Le hasard est un saltimbanque
Qui jongle avec les amoureux
Et les rattrape deux à deux
Dans sa main qui souvent les manque.

L'essence de la femme, c'est la curiosité : qu'un homme soit impénétrable et
cadenasse son âme, une femme en fera le
siége en règle ; le mystère l'inquiète, la
fascine et l'attire. Pourquoi une femme
aimerait-elle un prêtre de Dieu, si ce n'est
pour cette raison ou pour le faire faillir ?

Il y a des femmes qui font patauger
l'amour. Elles séduisent ; on est sur le point
de les posséder, mais elles hasardent un
mot douteux, maladroit ou grossier, et
elles vous réveillent au milieu du rêve

amoureux comme un criard réveille-matin qui se met à sonner hors de propos dans le premier sommeil.

❧

Quand une femme aime son mari, ce qu'elle adore en lui c'est l'amant qu'elle pourrait avoir mais qu'elle n'a pas encore trouvé.

❧

La femme, disait Diderot, c'est le premier domicile de l'homme ; un domicile aimable et trompeur auquel on s'habitue. Je dois dire en *terminant*, ainsi que Restif de La Bretonne : quelque mal que mon esprit puisse dire des femmes, mon cœur en pensera encore plus de bien, car elles sont les dispensatrices du seul genre de bonheur qui m'ait jamais tenté.

❧

POST-FACE

A QUI A LU

SI l'on prétend qu'un bazar soit une boutique, ceci est un livre. — Pour nous c'est une bouffée de jeunesse fantasieuse et loisireuse, passée prudemment dans le filtre d'une honnête morale, n'en déplaise aux pédants engoncés et momifiés dans les crasseuses bandelettes de l'ignorantisme.

Invoquer sa jeunesse, c'est sans doute un grand tort ou une petite raison. Aujourd'hui cependant n'est pas jeune qui veut; même et surtout les jeunes; et nous le sommes, morbleu! en tous points, du cheveu au talon, sans vouloir en faire d'excuses aux Tartuffes quinteux ou aux rigoristes déshommés!

Quand vingt-cinq printemps bourdonnent dans les oreilles et se cabrent sous la boîte osseuse, quand le sang est chaud et nourri de globules écarlates, que les jarrets sont solides et gonflés de virilité, on ne s'amuse pas à réciter Florian ou à parodier Berquin; on vit et on se laisse vivre; c'est assez, quand ce n'est pas de trop.

On est littérateur si l'on fait sa maîtresse de la littérature. En couchant avec elle on lui fait plus d'honneur qu'elle ne nous en cause, car on la réchauffe, on l'excite, on l'amuse, on la regaillardit, cette pauvre veuve des Rabelais, des Montaigne et des Bossuet, jadis fardée par les précieuses et à laquelle notre époque voudrait niaisement mettre une ceinture de chasteté.

Lorsqu'on est jeune et que l'on se sent du feu dans le buste, on ne s'avise pas de chausser l'étroit cothurne des préjugés ni de peser ses mots et ses pensées dans les mesquines balances vert-de-grisées de l'opinion publique; on les puise à pleines mains et avec insouciance dans le crâne où fermentent les conceptions et on les jette largement en l'air, ainsi qu'un semeur dans la campagne, en fouettant de son indifférence les corbeaux épeurés du néologisme ou les vautours des plagiats imbéciles.

Bric-à-brac de style ou bric-à-brac d'amour, le cœur nous riait en écrivant ces pages badines dans le nonchaloir de nos délassements. Le plaisir intime de l'enfanture cérébrale vaut mieux que le succès, car c'est une liesse incomparable dont le lecteur qui adopte un ouvrage ne peut se créer une image. Que l'œuvre réussisse ou non, peu importe après cela; le bonheur est escompté d'avance, la vanité seule peut toucher un reliquat de compte aux bureaux de la Presse ou ailleurs.

L'usage étant le tyran des langues, on ne manquera pas de nous reprocher d'avoir violé la langue. Le croit-on sincèrement? et puis est-ce notre faute si elle fait la prude, nous ne violons qu'elle ! La langue française dans sa vigueur n'est pas cousine-germaine de beaucoup de nos contemporains, et nous voudrions bien voir quels sont ses proches parents qui oseraient venir nous en demander raison! Si nous violons la langue nous ne la prostituons pas, nous l'engrossons plutôt. Les idées mendient

l'expression disait Rivarol ; si les expressions
manquent, il faut bien tendre la main aux
siècles passés ou à la raison ; on n'est pas pour
cela néologue, on serait plutôt rénovateur.
Notre style ne prend point de béquilles ; en tous
cas, s'il en prenait, il n'irait assurément pas
les emprunter à ceux-là de nos voisins qui
ont tant donné d'entorses à la grammaire que
celle-ci s'est vengée en les estropiant eux-mêmes
abominablement.

Ceci dit, revenons aux femmes : c'est à elles
principalement que j'adresse ce volume, et je
crois qu'elles interprèteront parfaitement ma
langue, que je voudrais plurialiser pour elles.
Emportez ces petits riens dans votre nid d'in-
timité et d'amour, Mesdames, c'est pour vous
qu'ils s'esbaudissent au grand jour de la pu-
blicité ; pensez le plus de mal possible du livre,
si vous l'osez, mais accordez moi gentiment
une pensée, un sourire et même davantage.
C'est le moins que vous puissiez faire pour
une fiévreuse victime de vos tantalesques
appas.

TABLE DES MATIÈRES

	Pages.
Préface de J. Barbey d'Aurevilly.	v
Aux honnestes dames de Paris.	1
Le crachoir.	7
Du mourir en amour.	33
Un curieux maléfice.	47
Les pulsations de l'attente	71
Bric-à-brac du sentiment.	79
Le libertinage.	123
Une femme qui saute.	135
Cupidoniana.	149
Post-face. — A qui a lu	175

PUBLICATIONS
LITTÉRAIRES

DE

M. Octave Uzanne

Caprices d'un Bibliophile.

Idée sur les Romans, par le marquis de Sade, *avec préface et notes.*

Du Mariage, par un philosophe du xviiie siècle, *avec préface.*

Benserade, poésies, réimprimées pour la première fois.

La Guirlande de Julie, augmentée de pièces inédites et de documents nouveaux.

François Sarasin, poésies augmentées de pièces inédites.

Mathieu de Montreuil, poésies, et poésies inédites.

Voisenon, contes en prose.

Boufflers, contes.

VIENT DE PARAITRE

LE
LUXE DES LIVRES

PAR

L. DEROME

Le mal qu'on a dit des livres.
Du prix et de la condition des livres.
Pourquoi le prix des livres anciens est élevé.
S'il est vrai qu'il n'y aura bientôt plus
de livres rares à recueillir.

Magnifique volume in-12, papier vergé,
ornements, culs de lampe typographiques et
lettres ornées imprimés en vert. . . . 5 fr.

JUSTIFICATION DES TIRAGES DE LUXE
(numérotés de 1 à 100)

4 exemplaires imprimés sur parchemin.			80 fr.
6	—	— sur papier du Japon.	40 fr.
10	—	— — de Chine.	25 fr.
30	—	— — Whatman	12 fr.

Tirage imprimé en deux couleurs
(texte en vert)

50 exemplaires imprimés sur papier Whatman. . . . 25 fr.

EN SOUSCRIPTION

POUR PARAITRE PROCHAINEMENT

Les RUELLES du XVIIIe SIÈCLE

Par *LÉON DE LABESSADE*

Préface par

ALEXANDRE DUMAS FILS

de l'Académie française

EAUX-FORTES PAR MONGIN

Couvertures et titres, nombreux fleurons, lettres et culs de lampe, gravés sur des documents de l'époque.

LES EAUX-FORTES IMPRIMÉES PAR A. SALMON

Deux magnifiques volumes in-8° couronne, de 350 pages chacun, couverture et titre ornés, imprimés en rouge et noir, et tirés avec grand luxe par Bluzet-Guinier.

Imprimés à 600 exemplaires tous numérotés

500 exemplaires sur papier vergé de Hollande à la forme.			20 fr.	
50	—	—	Whatman Turkey-Mill	40 »
20	—	—	de couleurs	40 »
15	—	—	de Chine véritable	50 »
12	—	—	du Japon	75 »
3	—	sur peau de velin . . . . . , ...		150 »

Avis concernant les exemplaires de luxe

L'éditeur n'a pas reculé devant les frais d'une imposition nouvelle, *spéciale* aux exemplaires imprimés sur papier de choix, voulant que ces exemplaires soient de véritables grands papiers, c'est-à-dire que la marge du fond soit en rapport avec les marges extérieures. En outre, ces exemplaires de luxe auront trois états de chaque eau-forte, avant la lettre, en noir, en sanguine et en bistre. Une couverture, qui, à elle seule, sera un chef-d'œuvre d'exécution, sera faite spécialement pour chaque volume des exemplaires de luxe.

Les deux eaux-fortes, dues à la pointe d'un artiste délicat, plein de talent et d'avenir, qui sait unir la science à l'inspiration, représenteront *les amoureuses et les parleuses* du xviii° siècle; elles seront tirées par M. Salmon, c'est tout dire au point de vue de la netteté et du fini; *les exemplaires de luxe auront trois états avant la lettre, en noir, sanguine et bistre.*

Le xviii° siècle est aujourd'hui en pleine renaissance; ses poètes, ses conteurs, son théâtre, ses charmantes parleuses, leurs malices cruelles et spirituelles colportées de la ville à la Cour et de la Cour à la ville, — ses nouvelles à la main, les mille indiscrétions d'une société blasée, composée d'élégants, de viveurs et de sceptiques, — ces bruits de paroles étouffées, ces rumeurs de baisers que l'on dérobe, le rouge, la poudre et les mouches de cette époque, — les sottisiers, les libellistes français et anglais, les gazetiers hollandais, Mercures, Anas, auteurs aristocratiques, pièces satiriques et burlesques, Ruellistes de Cour, sociétés galantes, cabinet d'esprits, bulletinistes et feuilles volantes, salons littéraires, nouvellistes, fugues de tout genre, — voilà nos *Ruelles.*

Un ouvrage de cette nature ne s'analyse pas; il faut le lire, car il s'adresse aux savants, aux amateurs, aux bibliophiles, aux gens du monde, aux femmes surtout, car nulle époque ne fut plus élégante et n'eut autant de politesse, autant de raffinement dans le langage et dans les manières. Les seigneurs de la Cour savaient reproduire admirablement le dandysme si français, si aisé, noble et familier, du duc de Richelieu, l'allure piquante, talon-rouge et fière de Lauzun, la grâce aristocratique, le grand air d'excellente compagnie d'un Rohan, — le tout rehaussé par la belle humeur d'un siècle qui souriait avant de mourir, par ces adorables taquineries du geste et de la phrase, ces critiques enjouées et cependant à l'emporte-pièce, ces vives saillies, marquées au coin d'une duchesse originale ou d'une vindicative épistolière. Rires et baisers, esprit et grâce, ne reconnaît-on pas là les dieux peu vêtus du xviii° siècle ?

L'auteur, voulant marquer le caractère de son œuvre, s'exprime ainsi : « Les friands morceaux, « les méchancetés rimées, les curieuses révéla- « tions, cyniques plus d'une fois, toujours sans « retenue, les vengeances de femme contenues dans « un quatrain, dans un sixain, dans une réponse,

« une lettre, un geste, un mot, abonderont dans
« notre livre, qui comblera — nous le souhaite-
« rions du moins — une regrettable lacune dans
« l'histoire littéraire et anecdotique du siècle qui
« vit s'épanouir la Régence, qui assista aux fêtes,
« aux triomphes, aux dominations, aux caprices
« des Reines de la main gauche. L'amour resta la
« préoccupation du temps, son désir, sa constante
« pensée, sa passion profonde, son désespoir et sa
« folie. Le xviiie siècle aima la femme jusqu'à la
« démence, jusqu'à l'oubli du devoir.

« Ce caractère fin, acerbe, persifleur, avec le
« mordant du sel gaulois, quelque chose comme
« le *slang* des Anglais transplanté en France, in-
« fusé dans notre langue romane, ce parler si
« léger et d'allure parfois si narquoise, ces échap-
« pées de belle humeur, ces joyeusetés à tout rom-
« pre, ces malices féminines passant sous le couvert
« d'un rire qu'on a peine à contenir, — tout cela
« formera le caractère de notre livre et peut-être
« son attraction.

« S'il faut, comme l'a dit Delvau, *moucher un*
« *mot morveux*, nous ne reculerons pas devant
« cette opération ; cette œuvre délicate accomplie,
« nous tâcherons de conserver à la phrase le par-
« fum adouci du mot trop haut en couleur.

« L'histoire en robe de chambre, voilà nos
« *Ruelles* ; aussi, sans perdre leurs sourires, leurs
« saillies provocantes, leur folle gaîté, auront-elles
« un rapide regard, une école buissonnière, une
« promenade nonchalante, qui leur permettront
« de toucher çà et là aux réalités de l'histoire ;
« — mais que l'on se rassure, elles n'y toucheront
« qu'avec les ailes de la fantaisie, la bonne et douce
« humeur d'une âme remplie d'optimisme.

« Nos *Ruelles* riront, elles riront à gorge déployée ;
« le rire est sain, il est contagieux, *cette joye de*
« *l'esprit en marque la force*, un mot bien vrai du
« xviie siècle ; — le rire est un fruit délicieux du
« terroir français. Les Anglais ont leur humour ;
« c'est une pointe bien différente de notre rire.
« Donc, si on le permet, nos *Ruelles*, sans cesser
« d'observer, de chercher, de fouiller, d'exhumer,
« riront et jaseront à leur ordinaire. Rire et jaser,
« deux excellents défauts, qui valent bien d'autres
« qualités. »

Voici le titre des vingt-cinq chapitres qui formeront les deux volumes :

I. Lettre-Préface de M. Alexandre Dumas fils, de l'Académie française.

II. Réponse à M. A. Dumas.

III. Six sonnets, imprimés à part, et que l'on trouvera dans le volume sous une couverture rose.

IV. Lettre pastorale à la Marquise de Pompadour et commentaires.

V. Aventure de M. de la Popelinière et Commentaires.

VI. Requête burlesque au Régent et Commentaires.

VII. Mémoire contre les Ducs et Pairs. — Minorité de Louis XV. — Commentaires.

VIII. Les Gazettes hollandaises et leur influence à la Cour.

IX. Ironies et chansons, bluettes et brocards, bons mots et grivoiseries.

X. L'Académie et l'exil, ou les deux quatrains, — Saint-Aulaire à Sceaux et de Maurepas à la Cour.

XI. La police des mœurs au XVIIIe siècle.

XII. La Marquise de Pompadour et ses ennemis.

XIII. Le Ministre et la Favorite, — Choiseul et la Dubarry.

XIV. Les Fermiers généraux, leurs frasques et leur passage dans les rapports à M. de Sartines.

XV. Acteurs, actrices et théâtres.

XVI. Les femmes de moyenne vertu et leurs entours, condition sociale, curieuses notes adressées sur elles aux lieutenants généraux de police.

XVII. Le Maréchal de Richelieu, — anecdotes sur le doyen de la galanterie.

XVIII. Voltaire et les Jésuites. — Voltaire et la Censure à propos de son *Mahomet*, — intervention de Maurepas et du cardinal de Fleury.

XIX. Lettres de Rousseau à Diderot et leur brouille finale, — une lettre à M. de Sartines.

XX. Madame Doublet et les Nouvelles à la main, — le marquis d'Argenson, le duc de Choiseul, d'Hémery, de Vergennes, maréchal de Castries, etc., etc.

XXI. La vérité sur le Parc-aux-Cerfs.

XXII. Etude sur le XVIIIe siècle.

XXIII. Le *cant* et le *slang*.

XXIV. La Femme au XVIIIe siècle et les phases de l'amour.

XXV. Les Ruelles au point de vue du langage.

XXVI. Bibliographie des *Ruelles*.

On le voit, c'est une vaste enquête sur le XVIIIe siècle, son âme, son génie, ses amours, sa littérature, sa politique, ses mœurs, sa vie publique et sa vie privée, son esprit et son cœur. Les Ruelles du XVIIIe siècle *sont faites sur un manuscrit de l'époque.* Ce n'est pas la réimpression d'un ouvrage quelconque, *ce sont des documents la plupart inédits, les autres peu connus.* Les Ruelles sont appelées à beaucoup de retentissement ; le parfum littéraire, le tour d'esprit, le brio de la langue du XVIIIe les feront rechercher ; elles s'adressent aux curieux en particulier, aux philologues, aux lettrés, à tous ceux qui étudient. — Le lecteur connaîtra à fond ce XVIIIe siècle si piquant, si guilleret, si collet monté en public, si dépravé à l'intérieur.

MISCELLANÉES BIBLIOGRAPHIQUES, *Abonnement : un an, 6 fr.* — Chaque année forme un beau volume in-8°, imprimé avec luxe sur papier vergé teinté, et est terminée par une table alphabétique des noms d'auteurs cités et des matières, qui, en même temps que la couverture et le titre (imprimés en rouge et en noir), est adressée gratuitement à tous nos abonnés.

Le but de ces *Miscellanées bibliographiques*, modeste dans son principe, peut, par suite, devenir plus manifeste, plus vaste, et atteindre à l'autorité, à l'*utile dulci* d'une petite Encyclopédie bibliographique, telle que l'avait conçue et longuement rêvée le doctissime et regretté Quérard. — Sous ce titre, nous entendons grouper à bon escient tous les documents rares ou curieux qui se trouvent épars de ci de là, et dont la recherche fatigue même quelquefois l'esprit patient des bibliophiles. Nous choisirons avec soin les questions qui se rapportent le mieux à la Technologie du Livre, à la Bibliognosie et aussi à la Bibliatrique. Sans nous écarter du domaine bibliographique, nous espérons traiter *ex professo*, pour ainsi dire, *De omni re scibili et quibusdam aliis*. Nous serons en tous points net et concis, et réduirons à l'art difficile de faire court des sujets trop souvent noyés dans la diffusion et la prolixité d'un excès de savoir.

Cette publication, paraissant régulièrement chaque mois en manière de livraison, formera annuellement un intéressant volume d'*Analectes* utiles à consulter. Une table analytique des matières et des noms d'auteurs permettra aux chercheurs et aux érudits de puiser dans ce véritable nid à documents précieux avec autant de profit que dans un dictionnaire d'*anas* bibliographiques.

Nous ne limiterons pas notre but au plaisir d'intéresser, d'indiquer les *raræ aves* de la Bibliophilie et de glaner dans le glorieux passé de la Bibliognostique ; nous accorderons une place à l'art moderne du Livre, aux Bibliophiles *militants* de Paris, de la province et de l'étranger.

Trouvailles, curiosités, renseignements bibliologiques quelconques, origines ou orthographes de certains mots, éditions douteuses, interrogations de toute nature, seront insérés.

En tout et pour tout ce qui sera du *ressort du Livre*, nous accueillerons les communications qui nous seront faites, nous estimant heureux d'avoir ouvert à nos confrères une libre arène, dans laquelle chacun, à tour de rôle, luttera de savoir, de complaisance ou d'érudition.

Et maintenant, puisse cette entreprise justifier notre devise de présupposition : *Vires acquirit eundo.*

Le Propriétaire-Gérant : ÉDOUARD ROUVEYRE.

Les numéros parus jusqu'à ce jour contiennent entre autres articles intéressants :

Livres français perdus, par G. Brunet. — *Du papier*, par Jehan Guet. — *Signes distinctifs des éditions originales de Montesquieu*, par L. Dangeau. — *Remarques sur les éditions du xv⁰ siècle et sur le mode de leur exécution*, par P. Lambinet. — *Du prêt des livres*, par Octave Uzanne. — *De la classification des autographes, des estampes et des gravures*, par Ed. Rouveyre. — *Quelle est la véritable édition originale de « Phèdre et Hippolyte » de Racine*, par Asmodée. — *Du nettoyage des estampes et des gravures*, par Jehan Guet. — Fac-simile *du titre de la première édition du Grand Voyage au pays des Hurons*, par Gabriel Sagard Théodat. 1632. — *Procédé pour raviver l'écriture sur les vieux parchemins*. — *De la multiplicité des livres*, par Van de Weyer. — *L'illustromanie*, par Octave Uzanne. — *Fac-simile de la première page d'un manuscrit d'amour du xvi⁰ siècle*. — *Livres imaginaires et souvenirs de bibliographie satirique*, par René Kerviler. — *La véritable édition originale des caractères de Théophraste (par La Bruyère) et celle des réflexions ou sentences et maximes morales (par le duc de Larochefoucauld)*, par Asmodée. — *Les prières de la marquise de Rambouillet*, par Prosper Blanchemain. — *Edwin Trossa et ses publications*, par le bibliophile Job. — *Alfred de Musset et ses prétendues attaques contre Victor Hugo*, par Ch. de Lovenjaul. — *Les annotateurs de livres*, par Octave Uzanne. — *Livres à clef*, par le bibliophile Job. — *Les manuscrits du xviii⁰ siècle*, par Loys Francia. — *Quelle est la comtesse des plaideurs de Racine*, par J. Oldbook. — *Un livre rarissime imprimé à Toulouse : las ordenansas et coustumas del Libre blanc. Tolosas 1555*, par le bibliophile Job. — *Livres découpés à jour*, par Gustave Monravit. — *Du plagiat*, par Alexandre Piedagnel. — *Nouvelles remarques sur les Petits conteurs, édition Cazin, Paris 1778*, par Asmodée. — *Les impressions microscopiques*, par Louis Mohr. — *Des livres et des bibliothèques*. — *Catalogue des anagrammes, devises et pseudonymes de poètes du xvi⁰ siècle*, par Prosper Blanchemain, etc., etc.

LIBRAIRIE ANCIENNE ET MODERNE
ÉDOUARD ROUVEYRE, I, RUE DES SAINT-PÈRES, PARIS

VIENT DE PARAITRE

LE DROIT DU SEIGNEUR

ET LA

ROSIÈRE DE SCALENCY

Par Léon de Labessade

Un beau volume in-12 (XVI et 260 pages), titre rouge et noir, couverture illustrée, imprimée en deux couleurs sur papier reps anglais, vignettes et culs-de-lampe spéciaux, dessinés par Marius Perret, et imprimés en rouge.

Exemplaires imp. sur papier vergé de Hollande à la forme.					4 fr.
65	—	—	—	Whatman Turkéy-Mill 36 à 100.	8 fr.
20	—	—	—	de Chine (nos 16 à 35).	12 fr.
10	—	—	—	du Japon (nos 6 à 15).	20 fr.
4	—	—	—	parchemin (nos 2 à 5).	vendus
1	—	—	—	papier bleu, nº 1 (vendu).	

Sous ce titre, *Le Droit du Seigneur,* l'auteur a recherché dans l'histoire les traces de ce droit, — qui serait assurément aujourd'hui une haute nouveauté ; les vestiges historiques ne manquent pas. Le passé, interrogé, a répondu par toutes ses voix : conteurs et poètes, feudistes et nobiliaires, coutumes et redevances féodales, manuscrits des franchises et des charges provinciales, récits et chansons, témoignages d'auteurs autorisés, noms propres de lieux et de personnes, circonstances et dates, — en un mot, tous les éléments propres à baser une certitude. Ce travail est un coup d'œil jeté sur le moyen âge, sans parti pris, sans intention blessante.

La *Rosière de Salency* est le pendant *du Droit du Seigneur,* — c'est la vertu opposée à quelque chose qui n'est pas précisément cela ; c'est, d'ailleurs, une antithèse historique voulue par l'auteur ; elle est assez frappante pour que l'on s'y arrête. N'est-il pas permis de transporter dans la littérature les contrastes, les oppositions révélés par l'étude de l'homme à travers les siècles ?

DROIT DU SEIGNEUR. — Entre Manants. — De Seigneur à Manants. — Au Bibliophile Job. — Sonnet au Passé. — Un Mot. — *I. Quelques re-*

marques sur la langue. — *II. Préliber, Prélibation, Définition.* — Littré, Voltaire et l'Académie. — Nécessité absolue d'expurger les textes. — Définition du droit de prélibation. — Ecclésiastiques jouissant de ce droit. — Punition de l'adultère dans le Dauphiné, dans le Lyonnais. — Origine curieuse de Montauban en Quercy ; protection d'Alphonse, comte de Toulouse. — Droit de quelques seigneurs de l'Auvergne. — Sens critique de la femme. — *III. Les différents noms donnés au droit de préliber. — Coutumes avec l'indication des localités.* — En Allemagne, en Angleterre, en Flandre et dans les Pays-Bas, en Italie, en France. — Faits observés en Picardie, en Normandie, en Angleterre, en Ecosse, aux Pays-Bas, en Allemagne, en Italie, en France (Vienne en Dauphiné, Lyon, Mâcon), en Bourgogne, à Fère en Tardenois, à Nevers, en Auvergne, à Bourges, en Anjou, à Limoges, à Laguenne, près Tulle, à Buch en Guyenne, en Gascogne, à Fons en Quercy, à Toulouse, à Châteauroux, etc. — Droit curieux du seigneur de Pacé, près Saumur. — Droit impertinent des anciens seigneurs de Montluçon en Bourbonnais. — Exemple étonnant d'un seigneur du Vexin normand. — Droit des fillettes. — Droits du sire de Mareuil en Ponthieu, du seigneur de Larivière-Bourdet, du chantre de Mâcon, des évêques d'Amiens, des religieux augustins de Limoges. — Objet acheté gratis par le comte de Poix. — Les trente-six deniers de l'abbesse de Caen. — Etc., etc. — *IV. Un mot que tout le monde comprend sans le secours des humanités. Les coutumes particulières. — Les redevances, les dates et les documents.* — Droit du seigneur de Louvie et franchise du premier-né de ses vassaux. — La prélibation historiquement prouvée. — Lois du baillage d'Amiens. — Coutume de Drucat. — Article 14 du droit de l'abbé de Blangy en Ternois. — Beaux droits du seigneur de Barlin. — Article 24 de la coutume d'Auxi-le-Château. — Article 4 du coutumier de Mesnil-les-Hesdin. — Droit du seigneur établi sur preuves irréfragables. — Coutumier de Dercy. — Hommage rendu à la vénérable dame Rugua, femme du comte de Ponthieu. — Evêques d'Amiens tenaces sur le droit du seigneur. — Répit de Saint-Firmin. — Province de Picardie, une des plus maltraitées par la prélibation. — Monuments écrits. — Ligne de conduite des moines de Savigné. — Redevance en argent à Alençon. — Droitures de mariage du seigneur de Crèvecœur-en-Aulge. — Texte de la charte du 13 juillet 1606. — Coutume bretonne. — Hector Bœthius et le droit du seigneur en Ecosse. — Le formariage constaté en Belgique par le père Papebrock. — Langage des Chartes. — Coutumier général de Bourgogne. — Droit des seigneurs auvergnats. — Cas incroyable d'un curé de Bourges. — Etc., etc. — *V. Situation de la femme sous la domination des seigneurs.* — Montesquieu et le droit du seigneur. — Etroite domesticité de la femme au moyen âge. — Délicatesse, énergie, devoir de la femme serve. — Enfer moral et social. — Les dames et les vassales ; étranges contrastes. — Etc., etc. — *VI. Les contradictions et les obscurités du moyen âge.* — Superstition et grossière erreur. — La pensée poursuivie et brûlée vive en place de Grève. — Distinction des femmes au moyen âge. — Les vexations. — Cérémonies religieuses et profanes du xie au xviiie siècle. — Education des gentilshommes. — Les Chevaliers de la Vierge. — Folie féodale de l'amour. — Contradictions dans la vie sociale, dans les mœurs, dans la justice, dans l'intelligence et dans le cœur, dans la famille et dans la société. — Fautes et étonnantes obscurités du moyen âge. — Etc., etc. — *VII. Bibliographie du droit du seigneur.* — Le droit du seigneur, curiosité historique, devait avoir sa bibliographie ; elle est donnée aussi complète que possible.

LA ROSIÈRE DE SALENCY ET SES ÉQUIVALENTS CONTEMPORAINS. — Cérémonie vertueuse, antithèse. — Opinion du coutumier de 1770. — Récit de Mme de Genlis. — Eclaircissement sur la feste de la Rose à Salency. — Le livre de Sauvigny.— Le culte des rosières, etc.

La langue, comme au chapitre premier. — Absurde prétention de A. de Nerciat. — La phrase considérée comme une statuaire. — Les rigoristes, les conteuses du xviiie siècle. — Réflexions à propos de quelques droits du seigneur et de la rosière de Salency. — Delvau et ses appréciations sur les crudités littéraires. — La liberté de langage, etc.

LIBRAIRIE ANCIENNE ET MODERNE

ÉDOUARD ROUVEYRE, 1, RUE DES SAINTS-PÈRES, PARIS

———

VIENT DE PARAITRE

CATALOGUE

DES

OUVRAGES, ÉCRITS ET DESSINS

DE TOUTE NATURE

POURSUIVIS, SUPPRIMÉS

OU

CONDAMNÉS

Depuis le 21 octobre 1814 jusqu'au 31 juillet 1877

Édition entièrement nouvelle, considérablement augmentée

SUIVIE DE LA TABLE

DES NOMS D'AUTEURS ET D'ÉDITEURS

Et accompagnée de Notes biographiques et analytiques

PAR

FERNAND DRUJON

Cet ouvrage forme un beau et fort volume grand in-8° de plus de 450 pages et a été publié en cinq livraisons.

La 5° et dernière livraison contient la couverture et le titre imprimés en rouge et en noir, la préface et la table des noms d'auteurs et d'éditeurs.

Le prix de chaque livraison est fixé ainsi qu'il suit :

Exemplaire sur papier vélin. . . 2 »

50 {	Exemplaires sur grand papier vélin anglais. .	} épuisé.
	(Numérotés de 1 à 50)	
10 {	Exemplaires sur papier de Chine	} épuisé.
	(Numérotés de 1 à 10.)	

☛ L'acquisition de la première livraison entraine de la part de l'acquéreur l'obligation de prendre les suivantes.

25

LIBRAIRIE ANCIENNE ET MODERNE
ÉDOUARD ROUVEYRE, 1, RUE DES SAINTS-PÈRES, PARIS

VIENT DE PARAITRE

NOTES D'UN CURIEUX

PAR

LE BARON DE BOYER DE SAINTE-SUZANNE

Un magnifique volume in-8° (428 pages),
papier vergé. . . . . 10 fr.

(Tirage à 300 exemplaires numérotés)

Lettre à un curieux de curiosités. — Les acteurs chez les Romains. — Les administrateurs sous l'ancien régime. — Les tapisseries tissées de haute et basse lisse. — Lettres inédites de Charles NODIER à Jean de Bry. — Dernière lettre du général A. DE BEAUHARNAIS.

Le livre de M. le baron de Boyer de Sainte-Suzanne, *Notes d'un Curieux*, a sa place marquée dans la bibliothèque d'un chercheur, et ce caractère se généralise ; la curiosité sous toutes ses formes reprend dans les esprits une place longtemps usurpée par les plaquettes et les romans en feuilletons, les incidents de la vie publique et les émotions du théâtre ; on revient au passé ; son étude, ardente et raisonnée, aussi analytique qu'amie sincère du groupement des faits, des idées, des relations et des nuances, se poursuit sur une vaste échelle ; de là des publications de premier ordre venant ajouter des richesses aux richesses acquises déjà, des lumières aux lumières projetées par la science, par l'observation, par les découvertes, par les fouilles consciencieuses opérées dans les collections d'État et dans les collections particulières ; — les *Notes d'un Curieux* brillent d'un vif éclat au milieu de ces trésors du passé, arrachés à la destruction par le génie contemporain de la recherche historique.

L'auteur parle une belle et forte langue ; nos

savants sont des écrivains, quelquefois des maîtres
stylistes ; de cette façon, toutes les branches de la
connaissance reçoivent un rayon, l'esprit scientifique s'enrichit, l'histoire s'anime, l'art grandit en
s'épurant, le cœur vise plus haut, et la conscience
plane en souveraine sur ces merveilles.

Un mot de Cousin, un mot qu'il faudrait graver
en lettres de diamant sur fond d'or, sert d'épigra-
phe au livre : « *Etudions avec soin l'histoire de*
« *notre pays ; appliquons-nous à le bien connaître ;*
« *plus nous le connaîtrons, plus nous l'aimerons, et*
« *l'amour donne tout : il donne la foi et l'espérance ;*
« *il tourne en joie les sacrifices ; il enseigne la*
« *constance et la modération ; il engendre l'union ;*
« *il prépare la force.* »

Un livre sorti de cette magnifique pensée ne pouvait manquer de réaliser ses promesses ; aussi,
dès la *Lettre à un curieux de curiosités* l'intérêt va
grandissant ; — *les acteurs et le théâtre chez les
Romains*, étude excellente sur l'art dramatique
des anciens, où les savants trouveront encore à
s'instruire, où les hommes du métier feront une
ample moisson de remarques utiles ; — *L'inven-
taire du Cardinal Mazarin* (1661), remarquable
document, même après la publication du duc
d'Aumale, Londres, 1861, fait connaître plus à fond
ce grand collectionneur, qui menait de front les
choses de l'art et les affaires du royaume ; — *Les
administrateurs sous l'ancien régime*, intéressants
détails qui viennent s'ajouter aux pièces historiques et contrôler les factums, les méchancetés, les
brocards qui inondèrent les ruelles aux deux derniers siècles ; — *Les tapisseries tissées de haute et
basse lisse*, notes et documents sur l'art, l'histoire
et l'industrie de la tapisserie, vue d'ensemble de
la peinture sur laine, et glorification de notre ma-
nufacture des Gobelins ; — enfin de curieuses
Lettres inédites de Charles Nodier à Jean de Bry,
où l'on retrouve le goût, le savoir, le style, le
charme du bibliothécaire de l'arsenal et la *Dernière lettre d'Alexandre Beauharnais à sa femme ;*
— voilà ce livre ; il attache du *premier au dernier*
chapitre : on le quitte pour le reprendre ; il fait
le plus grand honneur à la ferme intelligence qui
l'a écrit et à l'habile imprimeur qui lui a donné
ses soins.

Pour paraître le 20 Décembre 1878

CONNAISSANCES NÉCESSAIRES

A UN

BIBLIOPHILE

Établissement d'une Bibliothèque. — Conservation et Entretien des Livres. — De leur Format et de leur Reliure. — Moyens de les préserver des Insectes. — Des Souscriptions et de la Date. — De la Collation des Livres. — Des Signes distinctifs des anciennes Editions. — Des Abréviations usitées dans les Catalogues pour indiquer les Conditions. — De la Connaissance et de l'Amour des Livres. — De leurs divers degrés de Rareté. — Moyens de détacher, de laver et d'encoller les Livres. — *Procédés divers pour l'arrangement et la restauration des estampes et des livres.* — Du dédoublage et du racommodage des estampes. — Réparation de la dorure des anciennes reliures et de celle des manuscrits. — Ré parations des piqûres de vers, des déchirures et des cassures dans le parchemin et dans le papier. — Procédé pour renouveler une estampe et la transporter d'une feuille sur une autre. — Moyen de rendre la fraîcheur aux estampes, suivant le Père Orlandi.

PAR

ÉDOUARD ROUVEYRE

TROISIÈME ÉDITION

REVUE, CORRIGÉE ET AUGMENTÉE

Un magnifique volume in-8° couronne de plus de 250 pages, imprimé sur papier vergé, nombreux fleurons typographiques et lettres ornées, culs-de-lampe imprimés en couleur, titre rouge et noir. . . . . 5 fr.

Justification des tirages de luxe

4 exemplaires imprimés sur parchemin, numérotés de 1 à 4. . . . . 80 fr.

6 exemplaires imprimés sur papier du Japon, numérotés de 5 à 10 . . . . 40 fr.

10 exemplaires imprimés sur papier de Chine, numérotés de 11 à 20 . . . . 25 fr.

30 exemplaires imprimés sur papier Whatman, numérotés de 21 à 50 . . . . 12 fr.

TIRAGE IMPRIMÉ EN COULEUR

Fleurons, lettres ornées et culs-de-lampe en rouge minéral, texte en bleu flore.

50 exemplaires imprimés sur papier Whatman, numérotés de 51 à 100. 25 fr.

Ouvrage accompagné de 4 planches (19 impositions de divers formats), de cinq spécimens de papier (Japon, Chine, Whatman, Vergé, Teinté), de 3 planches de reliure (dont une double, donnant la reproduction d'une magnifique reliure rongée par les dermestes), et d'un tableau systématique des divisions et subdivisions bibliographiques.

CAPRICES

D'UN BIBLIOPHILE

PAR

OCTAVE UZANNE

500 exemplaires sur papier vergé de Hollande.				5 fr.
50	—	—	Whatman, numérotés 1 à 50.	épuisé.
10	—	—	de Chine numérotés de I à X.	épuisé.
2	—	sur parchemin de choix			épuisé.

Il a été tiré en outre 10 exemplaires sur papier de couleur non destinés au commerce.

Beau volume in-8° écu de VIII et 154 pages, orné de jolis fleurons et culs-de-lampe spéciaux, d'un titre composé par Marius Perret et gravé par A. Bellenger, et d'une délicieuse eau-forte dessinée et gravée par Adolphe Lalauze.

Nous appelons d'une façon spéciale l'attention des amateurs et des libraires sur cet ouvrage de bibliographie badine, d'une allure vive et enjouée, et d'une verve toute humoristique. — Ce n'est plus de la bibliognosie aride, mais de la bibliophilie amusante et gaie. Voici les principaux titres des chapitres du livre : *Ma Bibliothèque aux enchères. — La Gent bouquinière. — Les Galanteries du sieur Scarron. — Le Quémandeur de Livres. — Le vieux Bouquin. — Le Libraire du Palais. — Un Ex-libris mal placé. — Les Quais en août. — Les Catalogueurs. — Simple coup-d'œil sur le Roman moderne. — Le Bibliophile aux champs. — Les Projets d'Honoré de Balzac. — Variations sur la reliure de fantaisie. — Restif de la Bretonne et ses biobligraphes. — Le Cabinet d'un éroto-bibliomane.*

LIBRAIRIE ANCIENNE ET MODERNE

ÉDOUARD ROUVEYRE, 1, RUE DES SAINTS-PÈRES, PARIS

IDÉE SUR LES ROMANS

PAR

D.-A.-F. DE SADE

Publiée avec préface, notes et documents inédits

PAR

OCTAVE UZANNE

Un joli volume in-12 d'environ 105 pages, titre rouge et noir, couverture illustrée, imprimée en rouge et en noir, sur papier reps anglais, vignettes et culs-de-lampe spéciaux, dessinés par Marius PERRET.

500	exemplaires imprimés sur papier vergé à la forme.							4 fr.
1	»	»	»	papier de couleur.	No	1		
4	»	»	»	parchemin . . .	Nos	2 à	5	50 fr.
10	»	»	»	papier du Japon .	Nos	6 à	15	20 fr.
20	»	»	»	papier de Chine .	Nos	16 à	36	12 fr.
65	»	»	»	Turkey-Mill . . .	Nos	35 à	100	8 fr.

C'est la première fois que ce curieux traité sur le roman, dû à une plume tristement célèbre, est réimprimé. On est à la fois surpris et étonné de trouver dans le MARQUIS DE SADE une opinion aussi honnête, un jugement aussi sain que celui qui préside à la rédaction de cet ouvrage. On y voit cet infàme scélérat s'apitoyer sur *Manon Lescaut*, conspuer Restif de la Bretonne, exalter Boufflers, Mmes de Lafayette et Riccoboni, caresser Voltaire et Rousseau, déployer une érudition qui frappe et des théories qui trahissent l'écrivain par instants, et se défendre avec énergie d'être l'auteur de *Justine*, le roman immonde qui lui est attribué.

M. Octave UZANNE, dans une intéressante préface, passe en revue la vie de ce monstre célèbre pour s'attarder et en retracer entièrement l'œuvre par dates et éditions; c'est la plus complète bibliographie du *Joli Marquis* qui ait été donnée jusqu'alors. M. Octave UZANNE a audacieusement bravé *une liaison dangereuse* en attachant son nom à cette publication; la façon délicate dont il s'en est tiré et son excellent travail ne font qu'ajouter à l'intérêt de l'ouvrage lui-même.

Le Bouquiniste Parisien

CATALOGUE MENSUEL

DE

LIVRES ANCIENS

ET MODERNES

QUI SE TROUVENT EN VENTE AUX PRIX MARQUÉS

A LA

Librairie Édouard ROUVEYRE

1, rue des Saints-Pères, 1

PARIS

ACHAT — ÉCHANGE — VENTE — EXPERTISE

☞ Histoire des Religions, Sciences occultes, Mnémonique, Beaux-Arts, Musique, Linguistique, Théâtre, Géographie ancienne et moderne, Histoire des villes et des anciennes provinces de France, Noblesse, Archéologie, Bibliographie, Histoire de l'Imprimerie, Céramique, Histoire de France, etc.

☞ Livres curieux et singuliers.

☞ Suite de figures pour servir à l'illustration des livres.

☞ Anciennes vues de villes de France, par Chastillon, Silvestre, etc.

MM. les Amateurs avec lesquels nous avons l'honneur d'être en relation sont priés de nous communiquer les noms et adresses des personnes que nos catalogues peuvent intéresser.

26

ACHEVÉ D'IMPRIMER

SUR LES PRESSES DE

DARANTIERE, IMPRIMEUR A DIJON

le 5 décembre 1878

POUR

ÉDOUARD ROUVEYRE

LIBRAIRE ET ÉDITEUR

A PARIS

www.ingramcontent.com/pod-product-compliance
Lightning Source LLC
Chambersburg PA
CBHW070606100426
42744CB00006B/419